Manfred Brocker

Kant über Rechtsstaat und Demokratie

Otto von Freising-Vorlesungen
der Katholischen Universität Eichstätt-Ingolstadt
Band 26

Herausgegeben von der
Katholischen Universität Eichstätt-Ingolstadt

Manfred Brocker

Kant über Rechtsstaat und Demokratie

VS VERLAG FÜR SOZIALWISSENSCHAFTEN

Bibliografische Information Der Deutschen Bibliothek
Die Deutsche Bibliothek verzeichnet diese Publikation in der Deutschen
Nationalbibliografie; detaillierte bibliografische Daten sind im Internet über
<http://dnb.ddb.de> abrufbar.

1. Auflage Januar 2006

Alle Rechte vorbehalten
© VS Verlag für Sozialwissenschaften/GWV Fachverlage GmbH, Wiesbaden 2006

Der VS Verlag für Sozialwissenschaften ist ein Unternehmen von
Springer Science+Business Media.
www.vs-verlag.de

Das Werk einschließlich aller seiner Teile ist urheberrechtlich geschützt. Jede Verwertung außerhalb der engen Grenzen des Urheberrechtsgesetzes ist ohne Zustimmung des Verlags unzulässig und strafbar. Das gilt insbesondere für Vervielfältigungen, Übersetzungen, Mikroverfilmungen und die Einspeicherung und Verarbeitung in elektronischen Systemen.

Die Wiedergabe von Gebrauchsnamen, Handelsnamen, Warenbezeichnungen usw. in diesem Werk berechtigt auch ohne besondere Kennzeichnung nicht zu der Annahme, dass solche Namen im Sinne der Warenzeichen- und Markenschutz-Gesetzgebung als frei zu betrachten wären und daher von jedermann benutzt werden dürften.

Umschlaggestaltung: KünkelLopka Medienentwicklung, Heidelberg
Gedruckt auf säurefreiem und chlorfrei gebleichtem Papier

ISBN 3-531-14967-9

Inhaltsverzeichnis

		Seite
Vorwort		7
Einleitung		9
1.	**„Beati Possidentes"? Kants Konzeption des Rechtsstaats und das Sozialstaatsgebot**	13
1.1	Sozialstaatsaffine Interpretationen der Kantischen Rechtsphilosophie	14
1.2	Die „Metaphysischen Anfangsgründe der Rechtslehre" (1797)	16
1.3	Kants Besitzlehre	20
1.4	Kant und die Sozialpolitik	31
1.5	Literatur zum ersten Kapitel	36
2.	**Rechtsstaat als Basisdemokratie? Eine kritische Analyse der Kant-Rezeption in der zeitgenössischen deliberativen Demokratietheorie**	41
2.1	Das Konzept der „deliberativen Demokratietheorie"	41
2.2	Kant, der „Radikaldemokrat" – Die Thesen von Ingeborg Maus	44
2.3	Rechtsordnung als Freiheitsordnung: Die (Staats-)Rechtsphilosophie Immanuel Kants	46
2.4	Rechtsstaat versus Basisdemokratie	53
2.5	Literatur zum zweiten Kapitel	57

Anhang

Abkürzungsverzeichnis der Schriften Kants   59

Vorwort

Im Frühjahr 2004 erreichte mich das ehrenvolle Angebot der Katholischen Universität Eichstätt-Ingolstadt, im folgenden Wintersemester die Otto von Freising-Gastprofessur zu übernehmen. Mit großer Freude habe ich zugestimmt und gerne die mir übertragene Aufgabe wahrgenommen. Eichstätt gehört zu den Juwelen in der deutschen Hochschullandschaft. Gerade wer wie ich von einer großstädtischen Massenuniversität kommt, weiß die dortige Nähe zwischen Studierenden und Lehrenden, die Intensität des wissenschaftlichen Austauschs im Kollegium (und die Schönheit des barocken Ortes) zu schätzen – auch wenn er dafür eine nicht eben kurze Zugfahrt in Kauf nehmen muss. Selbst das gelegentliche Missbehagen über verspätete Züge, entgangene Anschlussverbindungen und lange Aufenthalte an zugigen Bahnhöfen vermochte die Vorfreude auf die pittoreske Altstadt Eichstätts, die hellen Bibliotheken und Hörsäle der Universität und die intellektuell anregende Atmosphäre an der dortigen Geschichts- und Gesellschaftswissenschaftlichen Fakultät nicht zu trüben. Letzterer gilt mein herzlicher Dank für ihre Einladung, aber auch den Kolleginnen und Kollegen, die dafür gesorgt haben, dass ich mich während meines Aufenthaltes stets wohl gefühlt habe. Ganz besonders danken möchte ich den Professoren Joachim Detjen, Carsten Ruppert und Klaus Schubert sowie – last but not least – Karl Graf Ballestrem für ihre freundliche Aufnahme. Frau Barbara Matzner und Frau Gertraud Reinwald danke ich für ihre Unterstützung bei allen formalen Fragen, die mit der Gastprofessur verbunden waren, und für ihre Hilfe bei der Drucklegung der vorliegenden kleinen Schrift. Sie enthält die im Rahmen der Gastprofessur im Dezember 2004 gehaltenen beiden öffentlichen Abendvorträge, die für die Veröffentlichung leicht überarbeitet wurden. „Aut prodesse volunt aut delectare", wie man mit Horaz sagen könnte, mag der entstandene Text auch nicht „simplex et unum" sein oder ein „totum" darstellen.

Köln, im Juli 2005　　　　　　　　　　　　　　　Manfred Brocker

Einleitung

Im Jahr 2004 wurde nicht nur in Deutschland, sondern weltweit in Vorträgen, Tagungen, Publikationen und Medienberichten des Philosophen Immanuel Kant gedacht. 200 Jahre zuvor war der Königsberger „Meisterdenker" in seiner Heimatstadt verstorben, die er, wie dabei gerne schmunzelnd in Erinnerung gerufen wurde, Zeit seines Lebens nicht verlassen hatte. Kant hinterließ ein umfangreiches Werk, aus dem die „Kritik der reinen Vernunft" (1781) mit ihrem Anspruch auf eine radikale Neubegründung der Philosophie herausragt. Ihr wie auch der „Kritik der praktischen Vernunft" (1788) und der „Kritik der Urteilskraft" (1790) war die anerkennende Aufmerksamkeit der wissenschaftlichen Welt seit ihrem ersten Erscheinen gewiss. Kants Ruhm als „politischer" Schriftsteller von Rang ist dagegen jüngeren Datums. Die späte Würdigung dieses Aspekts seines Denkens lag nicht so sehr darin begründet, dass man ihm aufgrund mangelnder „Weltläufigkeit" keine politische Urteilskraft zugetraut hätte. Die hatte er sich trotz der Abgeschiedenheit Königsbergs zweifellos durch eine umfangreiche Korrespondenz, durch regelmäßige Zeitungslektüre und tägliche Gespräche mit Studenten, Kollegen sowie in- und ausländischen Gästen erworben. Eher schon mag es daran gelegen haben, dass seine „politischen Schriften" lediglich aus kleineren Gelegenheitsarbeiten bestanden, die hinsichtlich ihrer Systematik und thematischen Breite deutlich hinter Kants philosophischem Hauptwerk, den drei Kritiken, zurückblieben. Und schlimmer noch: Seine rechtsphilosophische Hauptschrift, die „Metaphysik der Sitten", galt seit ihrem Erscheinen als opak. ‚Dunkel' und unsystematisch sei sie, voller ‚schwieriger Stellen', ‚vielfach verworrener Deduktionen' und ‚merkwürdiger Lehrbegriffe'.[1] Enttäuschung und Verständnislosigkeit prägten lange Zeit die Rezeption des 1797 erschienenen „Alterswerks" Kants, über das Schopenhauer ein vernichtendes Urteil fällte: „Nur aus Kants Altersschwäche ist mir seine ganze Rechtslehre als eine sonderliche Verflechtung einander herbeiziehender Irrtümer [...] erklärlich".[2]

---

[1] Nachweise bei Brocker 1987, 9 f.
[2] A. Schopenhauer, Die Welt als Wille und Vorstellung. Zürich 1977, Bd. 2, 419.

Die teilweise ungeordnete Textgestalt der „Metaphysik der Sitten", die vermutlich auf eine durcheinander geratene Druckvorlage zurückzuführen ist und die erst in jüngster Zeit in – zumindest halbwegs – plausibler Form rekonstruiert werden konnte (Ludwig 1998), tat ein Übriges, von der (genauen) Lektüre des Buches abzuhalten. Zudem häuften sich Stimmen, die die Auffassung vertraten, Kant habe in seiner Rechtsphilosophie die Voraussetzungen seiner eigenen kritischen (Transzendental-) Philosophie nicht beachtet und sei in ein völlig traditionelles Naturrechtsdenken zurückgefallen. Ein tödliches Urteil, wenn man bedenkt, welch hohen Anspruch Kant selbst mit seiner „Neubegründung" der *gesamten* Philosophie in den drei Kritiken erhoben hatte. All dies trug dazu bei, dass eine Rezeption der „Metaphysik der Sitten" bis weit in das 20. Jahrhundert fast vollständig ausblieb.

Erst in den 1970er Jahren erwachte das Interesse an Kants rechtsphilosophischer Schrift in größerem Maße. Ein wichtiger Anstoß ging dabei von John Rawls' 1971 veröffentlichtem Werk „A Theory of Justice" (dt. 1975) aus. Mit seinem – erkennbar von Kant inspirierten – „opus magnum" trug Rawls nicht nur zu einer Revitalisierung der politischen Philosophie insgesamt, sondern auch zu einer Wiederentdeckung der Rechtsphilosophie des Königsberger Gelehrten bei.

Inzwischen wird Kants praktische Philosophie immer wieder als Wegweiser und Orientierungshilfe bei der Frage nach der angemessenen Ausgestaltung einer freiheitlichen Rechts- und Verfassungsordnung herangezogen. In seinen Schriften, so glauben nicht wenige Leser, seien mit der Idee fundamentaler Rechte, mit der Vorstellung von der Selbstgesetzgebung des Volkes, mit der Forderung nach Chancengleichheit und einem gerechten sozialen Ausgleich etc. jene zentralen Elemente begründet, die auch dem modernen Verfassungsstaat, etwa der Bundesrepublik Deutschland, zugrunde liegen[3], weshalb sie für die (kritische) Diskussion der Legitimität bestehender politischer, sozialer und rechtlicher Institutionen taugten. Für diese Leser liegt es nahe,

---

[3] Gelegentlich findet man sogar explizit die Auffassung vertreten, dass „vornehmlich" die praktische Philosophie Kants „dem heutigen Rechtssystem und Rechtsverständnis zugrunde" liege; Schmidt-Klügmann 1985, 378 f.

Kant auch dort heranzuziehen, wo es um die angemessene Balance zwischen den demokratischen, den rechts- und sozialstaatlichen Elementen unserer politischen Ordnung geht. Dass bei diesen Reflexionen und Rekonstruktionen eminent praxisrelevante Themen berührt werden, zeigen zwei Interpretationen aus der jüngeren Vergangenheit, die in Kants Namen weit reichende Reformforderungen an unser Gemeinwesen stellen: Darin wird Kant zum einen als *Sozialstaatstheoretiker* gedeutet, mit dem sich die Notwendigkeit einer Ausdehnung sozialstaatlicher Maßnahmen (bis hin zu einer weitgehenden Nivellierung bestehender Eigentumsdisparitäten) begründen lasse. Zum anderen wird er als „Radikaldemokrat" gelesen, der nur die unmittelbare „(Basis-) Demokratie" als freiheitskompatible Staatsform habe gelten lassen wollen.

In den folgenden zwei Kapiteln sollen diese Auslegungen einer kritischen Prüfung unterzogen und korrigiert werden: Als „Rechtsstaatstheoretiker" ist Kant der liberalen, nicht aber der sozialdemokratischen, sozialistischen oder radikaldemokratischen Tradition des politischen Denkens zuzurechnen. Weder plädiert er für eine sozialstaatliche Öffnung bzw. Erweiterung des Rechtsstaates, noch postuliert er eine basis-demokratische Herrschaftsorganisation. Kants Ideal ist die repräsentative Demokratie – von ihm „Republik" genannt –, in der die Gewalten geteilt sind, die Legislative nur solche Gesetze erlässt, die dem Prinzip der Rechtsgleichheit aller Bürger entsprechen und in der die Grundrechte gewährleistet sind.

Insofern Kant als liberaler Rechtsstaatstheoretiker betrachtet werden muss, kann er auch nur zum Verständnis bzw. zur kritischen Würdigung dieses einen Aspekts der bundesrepublikanischen Verfassungsordnung beitragen (vgl. Kap. 2) – und nicht für weiterreichende Reformforderungen in anderen Bereichen (Einführung direktdemokratischer Verfahren, Ausbau des bestehenden Sozialstaats etc.) in Anspruch genommen werden – womit er an „Wert" als „Kronzeuge" für manchen Akteur in aktuellen (verfassungs-) politischen Debatten wohl verlieren dürfte.

1. „Beati Possidentes"? Kants Konzeption des Rechtsstaats und das Sozialstaatsgebot

Schon seit geraumer Zeit steht in Deutschland die Frage nach der Zukunft des Sozialstaates im Zentrum politischer Diskussionen. Angesichts eines durch Globalisierung und demographischen Wandel ausgelösten Reformbedarfs ist der alte Sozialstaatskonsens in der Berliner Republik erheblich unter Druck geraten. Vor allem Anpassungen der sozialen Sicherungssysteme werden gefordert: Das Gesundheitssystem leide an den explodierenden Kosten einer alternden Gesellschaft, das System der Renten- und Pflegeversicherung müsse aus eben diesem Grund von einer ausschließlich umlagefinanzierten hin zu einer zumindest partiell Kapital gedeckten Absicherung umgestellt werden, ferner sollten Arbeitslosen- und Sozialhilfe, die bereits im Rahmen von „Hartz IV" zusammengelegt wurden, weiter umgebaut werden. Der Tenor all dieser Initiativen lautet: mehr Eigenverantwortung, mehr Eigenleistung, weniger Staat.

Dass die soziale Absicherung der Bürger in Deutschland *grundsätzlich* eine hoheitliche Aufgabe ist und bleiben muss, bestreiten allerdings nicht einmal die entschiedensten Reformbefürworter. Schließlich verbürgt das Grundgesetz in Art. 20 I GG: „Die Bundesrepublik Deutschland ist ein demokratischer und sozialer Bundesstaat". In Art. 28 I GG heißt es weiter: „Die verfassungsmäßige Ordnung in den Ländern muß den Grundsätzen des republikanischen, demokratischen und sozialen Rechtsstaates im Sinne dieses Grundgesetzes entsprechen". Damit ist neben den Ordnungsprinzipien „Föderalismus", „Demokratie", „Republik" und „Rechtsstaat" ein „Sozialstaatsgebot" konstitutionell verankert. Deutschlands politische Ordnung ist demnach liberal, demokratisch *und sozial*. Doch was bedeuten diese Prinzipien konkret? Wie weit reichen sie und welchem von ihnen gebührt im Konfliktfall der Vorrang? Darüber gehen die Meinungen von Politikern, Wissenschaftlern, Richtern höchster bundesdeutscher Gerichte und anderen weit auseinander. Klarheit erhofft man sich – jenseits partei- und tagespolitischer Auseinandersetzungen – von einer philosophisch angeleiteten Reflexion über die Grundlagen unserer politischen Ordnung. Dass hierbei auch die praktische Philosophie Immanuel Kants in jüngster Zeit immer wieder als „Wegweiser" herangezogen wird, liegt nicht zuletzt an der bereits angesprochenen Konjunktur kantianisch inspirierter politischer Philosophien und Gerechtigkeitstheorien, für die stellvertretend die Werke von John Rawls, Jürgen Habermas und Otfried Höffe genannt werden können.

Doch Kant selbst hat, so wird im Folgenden zu zeigen versucht, zum Problem der „sozialen Gerechtigkeit" weitaus weniger zu sagen, als oft angenommen wird. Wenn es um die Frage einer prinzipiengeleiteten Reform des bundesdeutschen Sozialstaatsmodells geht, ist seine Philosophie daher ein unzureichender „Ratgeber".

1.1 Sozialstaatsaffine Interpretationen der Kantischen Rechtsphilosophie

Beginnen möchte ich meine Betrachtungen zur „sozialen Gerechtigkeit" bei Kant mit einem Hinweis auf jene Autoren, die die Auffassung vertreten, Kant habe in seinen Schriften eine sozialstaatsaffine „sozialliberale" oder sozialdemokratische Position vertreten:[4]

Claudia Langer etwa, die in ihrer Dissertation „Reform nach Prinzipien" (1986) Kants „politische Theorie" im Verhältnis zu den preußischen Reformen seiner Zeit untersucht, hält es für einen wesentlichen Bestandteil des „kantischen Reformismus", dass einerseits ein natürliches „Recht des Individuums auf Eigen-

---

[4] Ich sehe hier von einzelnen sozialistisch eingestellten Neukantianern wie Karl Vorländer und Hermann Cohen ab, die noch weiter reichende Auffassungen vertraten (vgl. Kühl 1984, 26 ff., 215, 294), und konzentriere mich allein auf Interpretationen aus den letzten drei Dezennien.

tum, das der Staat zu respektieren hat," angenommen werde, andererseits aber auch ein „Recht des Staats auf Veränderung der gegebenen Eigentumsordnung nach einer kontraktualistisch konzipierten Gerechtigkeit, dem sich das Individuum unterordnen" müsse (24; vgl. 78 f., 139 f., 153 ff.).

Ebenso glaubt Gerhard Luf (1978), dass bei Kant „das sozialstaatliche Prinzip ein notwendiges Element des Rechts zur Garantie adäquater Realbedingungen der Freiheit" (7) sei: „Wenn man Kants Rechtsbegriff nicht unzulässig auf formalistische Weise verengt, bleibt sein Gleichheitskonzept keineswegs auf die Gewährung formal-abstrakter Rechtsgarantien beschränkt. [...] [Es ist] für Prinzipien sozialer Gleichheit durchaus offen. Es wäre daher unzutreffend, Kants Theorie des Rechtsstaats von vornherein sozialstaatliche Prinzipien abzusprechen und auf abstrakte Rechtsgarantien zu beschränken" (147).[5]

Bereits vier Jahre zuvor hatte Volkmann-Schluck in seinem Buch „Politische Philosophie" (1974) eine vergleichbare Position vertreten und stärker konkretisiert. Die „soziale Tätigkeit des Staats", heißt es bei ihm, „ist deshalb unentbehrlich, weil nur bei annähernd gleichen Lebensbedingungen ein adäquater Gebrauch von der Freiheit gemacht werden kann" (118) und dass Kant, „wenn er die in der modernen Industriegesellschaft sich herausbildenden ökonomischen Abhängigkeitsverhältnisse gekannt hätte, nicht nur gegen Hobbes [sc. die „absolutistische"], sondern ebenso gegen die liberalistische Auffassung geschrieben hätte" (127). Aus der „schwächeren Position" des Arbeitnehmers gegenüber den Kapitaleignern folge die „Pflicht des Staats, aus Gründen der sozialen Gerechtigkeit durch eine Sozialgesetzgebung für einen Ausgleich zu sorgen" (119).

Auch Kristian Kühl, Strafrechtler und Rechtsphilosoph in Gießen, sieht eine „sozialstaatliche Öffnung" bei Kant grundgelegt, die es dem Staat erlaube einzugreifen, wenn „die soziale Ungleichheit in soziale Unfreiheit umschlägt" (1984, 277; vgl. 1999, 128 ff.). Hieraus ließe sich konkret die Forderung nach einer

---

[5] Für Versuche, aus Kants Rechtsstaatsphilosophie Legitimation, Charakter und Reichweite konkreter Sozialleistungsansprüche abzuleiten, vgl. Schmidt-Klügmann 1985 und Süchting 1995.

Begrenzung großer Vermögen bzw. von „Kapitalakkumulationen" (1984, 283–285) und nach einem vermögensbildenden Entgelt für Arbeiter ableiten (279 f.).

Kant sei, so fasst Iring Fetscher (1976) knapp und pointiert seine noch weiter reichende Interpretation zusammen, „für eine möglichst gleichmäßige Besitzverteilung" eingetreten (186).

Im Folgenden werde ich zu zeigen versuchen, dass diese Interpretationen[6] den Kern der Kantischen Argumentation verfehlen und eine sozialstaatliche Politik – wie wir sie etwa aus der bundesrepublikanischen Praxis kennen – bei ihrer Legitimitätsbeschaffung (bzw. Neuorientierung und Reform) *nicht* auf Kant zurückgreifen kann: Aus seiner Philosophie ließe sich allenfalls die Forderung nach einem radikalen *Rückbau* des bestehenden Sozialstaates ableiten.

1.2 Die „Metaphysischen Anfangsgründe der Rechtslehre" (1797)

Der systematische Ort in Kants Werk, an dem Aussagen über die Legitimität (und den Umfang gerechtfertigter) sozialstaatlicher Eingriffe zu erwarten sind, ist der erste Teil seiner Schrift „Metaphysik der Sitten" von 1797, den er „Metaphysische Anfangsgründe der Rechtslehre" nennt (der zweite Teil der Schrift trägt den Titel „Metaphysische Anfangsgründe der Tugendlehre").[7] Wir finden bei Kant nur diese eine Abhandlung, in der er Fragen der (äußeren) Freiheit, des Rechts und der Verfassung etc. systema-

---

[6] Vgl. ähnlich auch: Wetzel 1987, 162; Gerhardt 1988, 44 f.; Sassenbach 1992, 162 ff.; Rosen 1993, Kap. 5.

[7] Die Werke Kants werden im folgenden nach der sechsbändigen Weischedel-Ausgabe (W) zitiert, die bei der Wissenschaftlichen Buchgesellschaft erschienen ist (Darmstadt [4]1975). In römischen Zahlenzeichen wird der Band, in arabischen die Seitenzahl angegeben. Texte, die nicht in dieser Edition enthalten sind, insbesondere die Vorarbeiten zur „Metaphysik der Sitten", werden nach der Akademie-Ausgabe der Gesammelten Schriften Kants unter Angabe des Bandes (römische Zahlzeichen) und der Seitenzahl (arabische Zeichen) belegt. Zitate aus der „Kritik der reinen Vernunft" erfolgen, wie üblich, unter Angabe der Seitenzahl in der ersten (A) bzw. der zweiten (B) Auflage.

tisch erörtert.[8] Den Rahmen der Diskussion bildet bei ihm, das sei vorab festgehalten, eine Philosophie des *Rechts*, nicht aber eine „politische Theorie". Tatsächlich gibt es von Kant keine einzige Abhandlung, die den Begriff „Politik" oder „politisch" – geschweige denn „sozial" oder „sozialpolitisch" – im Titel trägt.

Kants Schrift „Metaphysische Anfangsgründe der Rechtslehre" zerfällt in die beiden Teile „Das Privatrecht" und „Das öffentliche Recht". In ihnen entwickelt er seine (Staats-) Rechtsphilosophie. Beide Teile sind für die Beantwortung der gestellten Frage heranzuziehen.

Trotz der Bezeichnung „Metaphysik" trennt sich Kant in seiner „kritischen" Philosophie von den Lehren der bis in seine Zeit tradierten aristotelisch-scholastisch geprägten (politischen) Philosophie: Er verabschiedet alle überkommenen Vorstellungen von „Metaphysik", „Teleologie" und „Entelechie". Begriffe wie „Metaphysik", „Naturrecht" und „Freiheit" erhalten bei ihm eine neue Bedeutung, die im Hinblick auf das Verständnis der Grundlagen der Gesamtkonstruktion seiner Rechtsphilosophie zumindest kurz zu erwähnen sind.

„Metaphysik" heißt bei Kant das ‚System der philosophischen Erkenntnis aus reiner, von allen Anschauungsbedingungen unabhängiger Vernunft' (*KrV*; B 869), wird bei ihm mithin als *Methode*, nicht objektbezogen definiert. Dahinter steht Kants Grundkonzept, das die Fundierung eines ‚Systems aller reinen Erkenntnis' in der Natur des menschlichen Denkens und nicht in den Wesensstrukturen der Wirklichkeit vorsieht. Die Bedingungen der Möglichkeit einer solchen Fundierung eruiert Kant in seinen drei Hauptwerken, der „Kritik der reinen Vernunft" (1781), der „Kritik der praktischen Vernunft" (1788) und der „Kritik der Urteilskraft" (1790). Sie bilden die Grundlage für sein philosophi-

---

[8] Kants handschriftliche Vorarbeiten, seine kleineren geschichtsphilosophischen Schriften wie auch seine Abhandlungen „Zum ewigen Frieden" und „Über den Gemeinspruch: Das mag in der Theorie richtig sein, taugt aber nicht für die Praxis" diskutieren nur einzelne Aspekte dieses Themengebietes. Dabei kommen sie zu teilweise später, in der „Metaphysik der Sitten", revidierten Auffassungen. Deshalb werden sie im Folgenden nur insoweit herangezogen, als sie mit dem Aussagegehalt der „Metaphysik der Sitten" übereinstimmende Positionen beziehen.

sches „System", das seinerseits aus zwei Sphären mit je eigener Gesetzlichkeit gebildet wird: der Sphäre der Natur und der Sphäre der Sitten. Erstere ist die Domäne des Verstandes, letztere die Domäne der Vernunft. Zwischen beiden steht die Urteilskraft, die nach Kant den „vermittelnden Begriff zwischen den Naturbegriffen und dem Freiheitsbegriff [...] möglich macht" (*KU*; W, V, 271f.).

„Metaphysische Anfangsgründe" übernehmen im philosophischen System Kants allgemein die Aufgabe, durch die Exposition apriorischer Prinzipien die Systematik und Vollständigkeit einzelwissenschaftlicher Bereiche (etwa der Natur- oder der Rechtswissenschaft) zu verbürgen und deren Entwicklung vorzubereiten. Entsprechend finden wir in seinem Werk neben den schon genannten „Metaphysischen Anfangsgründen der Rechtslehre" und den „Metaphysischen Anfangsgründen der Tugendlehre" auch „Metaphysische Anfangsgründe der Naturwissenschaft".

Die „Metaphysik der *Sitten*" soll entsprechend dieser Systemkonzeption das „System aller *praktischen* Erkenntnis aus reinen, von allen Anschauungsbedingungen unabhängigen Vernunftbegriffen" enthalten. Die Grundlage hierzu legt Kant in der „Kritik der praktischen Vernunft" und der „Grundlegung zur Metaphysik der Sitten". Dort entwickelt er die Vorstellung vom moralischen Gesetz, das, so Kant, der Erkenntnisgrund („ratio cognoscendi") der menschlichen Freiheit sei, die die theoretische Vernunft in ihrer naturgesetzlichen Möglichkeit (als *ursprüngliche* Kausalität) nicht einsehen könne. Dass der Mensch trotz dieser naturgesetzlichen Kausalität aller Erscheinungen selbst (auch) *frei* sei, zeige ihm das unbedingte Sollen des moralischen Gesetzes. Seine Freiheit – im Sinne einer „Unabhängigkeit der Willkür von der Nötigung durch Antriebe der Sinnlichkeit" (*KrV*; A 534/B 562) – sei selbst der Seinsgrund („ratio essendi") dieses moralischen Gesetzes (*KprV*; W, IV, 108).

Das „moralische Gesetz", das sich die reine praktische Vernunft entsprechend selbst gibt („Autonomie"), ist nur Form, denn jede Materie wäre empirisch und damit Indiz einer Fremdbestimmung („Heteronomie"). Es lautet in der Gestalt eines kategorischen Imperativs: „Handle so, dass die Maxime deines Willens jederzeit zugleich als Prinzip einer allgemeinen Gesetzgebung gelten könne" (*KprV*; W, IV, 140).

Das Prinzip des *Rechts* wird von Kant nun in der „Metaphysik der Sitten" strukturanalog (Kaulbach 1982, 142) zum moralischen Gesetz, dem kategorischen Imperativ der „Kritik der praktischen Vernunft", entwickelt: „Eine jede Handlung ist recht", heißt es dort, „die oder nach deren Maxime die Freiheit der Willkür eines jeden mit jedermanns Freiheit nach einem allgemeinen Gesetze zusammen bestehen kann" (*MdS*; W, IV, 337). Erneut handelt es sich um eine rein formale Bestimmung. Kant geht also in den „Metaphysischen Anfangsgründen der Rechtslehre"[9] nicht mehr entsprechend der Tradition von materiellen Bestimmungsgründen aus wie der „Sozialnatur" des Menschen, einer „natura humana", die nach Vollendung in einem Gemeinwesen, einer Polis-Gemeinschaft, strebt, in deren Rahmen erst die Vervollkommnung der Anlagen des Menschen, seine „eudaimonia", erreicht werden kann. Er geht vielmehr nur noch von der *äußeren Freiheit* des Menschen aus – verstanden als „Unabhängigkeit von eines anderen nötigender Willkür" (*MdS*; W, IV, 345) – und fragt allein nach den Bedingungen der Möglichkeit einer freiheitsgesetzlichen Harmonisierung individueller Zwecksetzungen.

Das Recht des Menschen ist danach nur eines: die Freiheit.[10] Das Recht, seine Handlungen nur freiheitsgesetzlich beschränkt zu sehen, steht jedem Menschen kraft seiner Menschheit zu (*MdS*; W, IV, 368). Es bestimmt und *beschränkt* zugleich die Aufgabe des Staates. Erst in ihm kann nämlich eine effektive Harmonisierung der individuellen Zwecksetzungen Wirklichkeit werden, weil nur in ihm allgemeine, öffentlich bekannt gemachte Gesetze existieren, die die Grenzen der Handlungsfreiheit für alle gleichermaßen bestimmen, und nur in ihm Gesetzesübertretungen verhindert bzw. sanktioniert werden können – wobei der staatliche

---

[9] Von ihm verstanden als „System der *Prinzipien* des Rechts", das die grundlegenden Bestimmungen des Rechts aus reiner (rechtlich-) praktischer Vernunft entwickelt – alles weitere betrachtet Kant nicht mehr als Aufgabe der Philosophie.

[10] Für den darin liegenden Unterschied zur deutschen Schulphilosophie und Naturrechtstheorie des 17. und 18. Jahrhunderts, die stets von einer Fülle unterschiedlicher „natürlicher Rechte" ausgingen, vgl. Friedrich 2004, 73–87.

Zwang jedoch immer nur „Zwang zur Verhinderung eines Hindernisses der Freiheit" (*MdS*; W, IV, 325) sein darf, will er der Freiheit nicht selbst widersprechen. Schon hier wird erkennbar, dass der Kantische Staat allein die Aufgabe der Kompatibilisierung individueller Freiheitssphären durch generell gültige Rechtsnormen hat.

Ausgehend von einem allgemeinen Rechtsgesetz (das mit der Befugnis zu zwingen „analytisch verbunden ist") nimmt Kant nun einige allgemeine empirische Elemente in seine weitere Argumentation auf – etwa, dass der Mensch einen Körper hat, der verletzt werden kann, dass es Gegenstände im Raum gibt, die er sich aneignen kann etc. –, mit deren Hilfe der Anwendungsbereich des Rechts weiter spezifiziert werden soll (Höffe 2004, 211). Als Resultat dieser Bemühungen erwartet Kant einen normativ-kritischen Maßstab in die Hand zu bekommen, der bei der Beurteilung der Legitimität von Rechts- und Verfassungsordnungen bestehender Staaten angelegt werden kann.

1.3 Kants Besitzlehre

Was die eingangs gestellte Frage nach der Legitimität einer *sozialstaatlichen Erweiterung* des Freiheit schützenden Rechtsstaates anbelangt, so finden sich hierzu bei Kant keine expliziten Erörterungen. Lediglich ansatzweise diskutiert er in der „Metaphysik der Sitten" die Frage der Güterverteilung – und dies fast ausschließlich im Zusammenhang mit seiner *Eigentumslehre*.[11] Dennoch lässt sich aus diesen wenigen Ausführungen seine Position recht genau rekonstruieren. Dabei wird vor dem Hintergrund des bisher Gesagten sogleich verständlich, warum es Kant hier allein um die Gewährleistung einer „Eigentumsordnung als *Freiheit*sordnung" geht – nicht um eine Ordnung gemäß der menschlichen „Natur", die den „Bedürfnissen" oder „Anlagen" des Menschen möglichst weitgehend „gerecht" wird. Denn auch das Eigentumsrecht müsse,

---

[11] Zur Kantischen Eigentumslehre, vgl. Brandt 1974, 180 ff.; Deggau 1983, 61 ff., 248 ff.; Brocker 1987; Kersting 1991; Fulda 1999; Hespe 2002; Kersting 2004, 58 ff.; Friedrich 2004.

so Kant, auf der Grundlage apriorischer Prinzipien rein formal entwickelt werden; Fragen des „Quantum" (wie viel?) und „Quale" (welcherlei?) beträfen dagegen empirische Zufälligkeiten, die als dem Eigentumsrecht äußerlich in der Rechtsphilosophie unbeachtet bleiben müssten.

Betrachten wir Kants Argumentation im Detail: „Eigentum" („Das Rechtlich-Meine") definiert Kant als „dasjenige, womit ich so verbunden bin, daß der Gebrauch, den ein anderer ohne meine Einwilligung von ihm machen möchte, mich lädieren würde" (*MdS*; W, IV, 353).[12] Während eine Rechtsverletzung durch den Zugriff anderer auf Gegenstände, die ich *physisch* besitze, unmittelbar – als Verletzung meiner Freiheit – erkennbar ist,[13] setze dies bei Gegenständen, mit denen ich physisch nicht verbunden bin, das Bestehen einer besonderen, nämlich rein *rechtlichen* Beziehung zwischen Person und Sache voraus. Die Bedingungen der Möglichkeit eines solchen rein „Rechtlich-Meinen" nimmt Kant in den „Metaphysischen Anfangsgründen der Rechtslehre" genauer in den Blick: „Wie ist ein bloß-rechtlicher (intelligibler) Besitz möglich?" (*MdS*; W, IV, 358).

Dass es einen solchen „rein rechtlichen" Begriff des Mein und Dein geben muss, erhellt für Kant ein „Postulat der rechtlich-praktischen Vernunft", das er auch als „Erlaubnisgesetz" („lex permissiva") (*MdS*; W, IV, 354 f.) bezeichnet.[14] Dieses bestimmt, „daß es Rechtspflicht sei, gegen andere so zu handeln, daß das Äußere (Brauchbare) auch das Seine von irgend [!] jemanden werden könne" (*MdS*; W, IV, 361).

---

[12] Im § 5 der „Metaphysischen Anfangsgründen der Rechtslehre" nimmt Kant neben der Exklusionsbefugnis das freie Dispositionsrecht in die Definition des Eigentums auf: „Das äußere Meine ist dasjenige außer mir, an dessen mir beliebigen Gebrauch mich zu hindern Läsion (Unrecht) sein würde" (*MdS*; W, VI, 357). Beide Definitionsmerkmale kennzeichnen auch den Eigentumsbegriff des deutschen BGB; vgl. § 903 BGB.

[13] Es folge analytisch aus dem Begriff des „empirischen Besitzes", dass „wenn ich Inhaber einer Sache (mit ihr also physisch verbunden) bin, derjenige, der sie wider meine Einwilligung affiziert (z. B. mir den Apfel aus der Hand reißt), das innere Meine (meine Freiheit) affiziere und schmälere" (*MdS*; W, IV, 358).

[14] Zur „lex permissiva" bei Kant, vgl. Brandt 1982 (a); Hruschka 2004; Friedrich 2004, 110–118.

Alle Willkürgegenstände, so fordere die Vernunft, sollen dem menschlichen Gebrauch zugeführt werden.[15] Daher muss die Aneignung äußerer Gegenstände in ihrer Gesamtheit möglich und erlaubt sein. Eine Regelung, durch die Gebrauchsgegenstände außer allen Gebrauch gesetzt würden, wäre nach Kant vernunftwidrig (*MdS*; W, IV, 354). Eine bloß-physische Besitzordnung hätte aber genau dies zur Folge: Denn in ihr könnten nur Dinge, die man mit sich herumtragen oder physisch verteidigen kann, zum Willkürgegenstand werden. Auf diese Weise würden nicht alle potentiellen Gebrauchsgegenstände der menschlichen Willkür zugeführt. Die menschliche Freiheit wäre von empirischen Zufälligkeiten abhängig und nicht allein den formalen Gesetzen der Rechtsvernunft unterworfen. Es widerspricht aber dem Begriff des Rechts, so Kant, wenn sich die Menschen einander hinsichtlich des Sachengebrauchs nach Maßgabe von bloßen Naturbedingungen einschränkten (Kersting 1991, 117). „Würde kein äußeres [sc. rechtliches] Mein und Dein möglich seyn so würde die Freyheit sich selbst vom physischen Besitz d. i. von Sachen in Raum und Zeit abhängig machen folglich der Rechtsbegrif selbst von empirischen Bedingungen a priori abhängig mithin selbst empirisch seyn welches dem Begriffe des Rechts widerspricht" (AA, XXIII, 336).

Erst der Vernunft-Begriff des „bloß-rechtlichen oder intelligiblen Besitzes" schafft hier Abhilfe. Er erlaubt es, eine nicht-physische Beziehung zu einem Gegenstand zu konstituieren, die unabhängig von Raum-Zeit-Bedingungen, mithin von bloß physischen Besitzrelationen besteht – und so den Gebrauch der Dingwelt den Gesetzen der rechtlich-praktischen Vernunft zu unterwerfen. Zugleich ermöglicht es erst der rechtliche Besitz, *alle* Willkürgegenstände dem menschlichen Gebrauch zuzuführen. Weil aber genau dies von der Vernunft gefordert wird, verpflichtet sie jeden a priori, so zu handeln, dass ein rein *rechtlicher* Besitz möglich wird: „Handle so daß nach Prinzipien der Freyheit deine Will-

---

[15] Das ist, nebenbei bemerkt, der vernunftrechtlich gewendete Auftrag der Genesis an die Menschen, sich die Welt untertan zu machen; in Kants Rechtsphilosophie ist die „Welt" allerdings nur noch der Inbegriff alles Brauchbaren, sie ist nicht mehr Gottes Schöpfung, die nach traditionellem Verständnis zwar gebraucht, in ihrem Eigenwert aber auch bewahrt und erhalten werden soll.

kühr mit anderer ihrer in Ansehung ihres Objects überhaupt zusammen bestehen kan" (AA, XXIII, 297).

In den Besitz gebracht werden können äußere Gegenstände (für Kant ist der *Boden* primäres Aneignungsobjekt, weil alles, was sich auf ihm befinde, durch seine Aneignung mit erworben werde [*MdS* § 12; W, IV, 372]) zunächst nur durch eine einseitige Zugriffshandlung, durch „prima occupatio" (*MdS*; W, IV, 369). „Ich erwerbe etwas, wenn ich mache (efficio), daß etwas mein werde" (*MdS*; W, IV, 368).

Diese erste Besitzergreifung muss zugelassen werden aufgrund des zitierten Vernunftpostulats (*MdS* §2). Durch sie wird schon im Naturzustand ein *Eigentums*recht begründet. Doch ein *Eigentumsrecht* erlegt allen anderen („Nicht-Eigentümern") gleichzeitig eine *Pflicht* auf: Sie dürfen den okkupierten Gegenstand nicht mehr in Besitz nehmen und müssen die Verfügungsbefugnis des Eigentumsgründers respektieren. Verpflichtungsverhältnisse aber können nicht durch einseitige empirische Handlungen begründet werden. Deshalb nennt Kant das durch Zugriffshandlungen entstehende Eigentumsrecht des Naturzustandes „provisorisch".

„Peremtorisch", d. h. dauerhaft und stabil, wird es erst im Staat, der es sichert und in Eigentumsstreitigkeiten entscheidet. „Etwas Äußeres als das Seine zu haben, ist nur in einem rechtlichen Zustande, unter einer öffentlich gesetzgebenden Gewalt, d. i. im bürgerlichen Zustande, möglich" (*MdS*; W, IV, 365):

> „Denn der einseitige Wille [...] kann nicht jedermann eine Verbindlichkeit auflegen, die an sich zufällig ist, sondern dazu wird ein *allseitiger* nicht zufällig, sondern a priori, mithin notwendig vereinigter und darum allein gesetzgebender Wille erfordert; denn nur nach dieses seinem Prinzip ist Übereinstimmung der freien Willkür eines jeden mit der Freiheit von jedermann, mithin das Recht überhaupt, und also auch ein äußeres Mein und Dein möglich" (*MdS*; W, IV, 373 f.)

Der Grund hierfür liegt in den besonderen Geltungsbedingungen des „intelligiblen Besitzes". Eigentum ist nach Kant nämlich kein Verhältnis von Personen zu Sachen, sondern ein Verhältnis zwischen Personen: Damit etwas „mein" werden kann, müssen alle Rechtspersonen als meiner (einseitigen) Okkupation zustimmend gedacht werden können. Denn erst durch eine solche „Zustimmung" wird das dem Eigentumsrecht zugrunde liegende Verpflichtungsverhältnis begründbar: als Selbstverpflichtung, sich des Gebrauchs der von anderen in Besitz genommenen Gegenstände (des von anderen in Besitz genommenen Bodens) zu enthalten. Die Konstruktion des „intelligiblen Besitzes" setzt daher nach Kant zwei Rechtsfiktionen voraus: die des „a priori vereinigten Willens aller" und die des „ursprünglichen gemeinschaftlichen Gesamtbesitzes der Welt" bzw. des Bodens (communio originaria) (*MdS*; W, IV, 371; 375). Der Besitzwille führt nach Kant dann und nur dann zu „Eigentum", wenn er als in dem notwendig vereinigten Willen aller enthalten gedacht werden kann oder – wie er in den „Vorarbeiten" formuliert – wenn die einseitige Zugriffshandlung als „Austheilung durch den gemeinschaftlichen Willen" im Sinne einer allseitigen „Verwilligung" (AA, XXIII, 223; 286) angesehen werden kann. Die Formulierungen „angesehen" oder „gedacht werden kann" heben noch einmal hervor, dass der „a priori vereinigte Willen aller" und der „ursprüngliche gemeinschaftliche Gesamtbesitz aller Dinge" nicht empirisch zu verstehen sind, sondern als *rechtslogische Fiktionen* („praktische Vernunftbegriffe a priori"), die notwendig sind, um zu einem Verständnis sachenrechtlicher Verpflichtungsverhältnisse durch einseitige Akte der Willkür gelangen zu können: Sie sind der Rechtsgrund des Privateigentums, nicht sein Realgrund. Beide Rechtsideen verdeutlichen nur, dass das Eigentum als Struktur wechselseitig verwilligter Ausschließung, als *interpersonale* Rechtsrelation (*MdS*; W, IV, 365) – oder, wie Kant in den „Vorarbeiten" auch sagt, als ein „Verhältnis der Willkühr zur Willkühr anderer und nicht zu Objecten der Willkühr unmittelbar" (XXIII, 227) – verstanden werden muss, auch wenn es durch einseitige physische Akte der Aneignung „beginnt". Sie sind deshalb eben nicht „wörtlich" zu lesen, etwa als „soziale Fundierung des Privateigentums" (so aber Kühl 1999, 122): Nicht die konkrete (empirische) Gesellschaft, sondern die „Idee des vereinigten Willens aller *a priori*" wird von Kant herangezogen, um zu zeigen, wie das Privateigentum des einen mit der Freiheit aller anderen nach einem allgemeinen Gesetz vereinbar sein kann.

Um aber diese Vereinbarkeit sicherzustellen, so Kant, sind vom Besitzwilligen bestimmte Regeln bei der Aneignung äußerer

Gegenstände (des Bodens) einzuhalten: Das, was angeeignet werden soll, darf noch in niemandes Privatbesitz, muss also „herrenlos" sein oder, vernunftrechtlich formuliert, darf dem „ursprünglichen Gemeinbesitz" noch nicht von anderen ausgegliedert worden sein; es muss körperlich angeeignet (apprehensio) und „bezeichnet", d. h. kenntlich gemacht oder „markiert" werden (declaratio), um den individuellen Besitzwillen für andere sichtbar zu dokumentieren (*MdS*; W, IV, 368 f.):

> „Die Besitznehmung (apprehensio), als der Anfang der Inhabung einer körperlichen Sache im Raume (possessionis physicae), stimmt unter keiner anderen Bedingung mit dem Gesetz der äußeren Freiheit von jedermann (mithin a priori) zusammen, als unter der der Priorität in Ansehung der Zeit, d. i. nur als *erste* Besitznehmung (prior apprehensio)" (*MdS*; W, IV, 373).

Das Markieren von Gegenständen (z. B. das Aufstellen von Zäunen, ein Brandzeichen auf Tieren etc.) gilt – ebenso wie die Bearbeitung oder auch physische Verteidigung – eigentumstheoretisch nur als „Zeichen" (AA, XXIII, 277), dass eine Erwerbung stattgefunden hat. Diese „Zeichenformen" sind jedoch selbst, darauf sei erneut hingewiesen, nicht der Rechtsgrund des Eigentums, sondern nur ein Moment des Aneignungsprozesses. Kant rechtfertigt insofern auch nicht, wie gelegentlich gesagt worden ist, ein „Gewalteigentum"[16]. Denn nur wenn die Aneignungshandlungen widerspruchslos in „einem a priori vereinigten (d. i. durch die Vereinigung der Willkür aller, die in ein praktisches Verhältnis gegen einander kommen können) absolut gebietenden Willen enthalten" gedacht werden können (*MdS*; W, IV, 374) – was sie nur können, wenn die okkupierten Gegenstände zuvor herrenlos waren und sichtbar markiert wurden –, besteht der Eigentumsanspruch zurecht. Daher gilt der bereits zitierte Satz: „Etwas Äußeres als das Seine zu haben, ist nur in einem rechtlichen Zustande, unter einer öffentlich gesetzgebenden Gewalt, d. i. im bürgerlichen Zustande, möglich" (*MdS*; W, IV, 365). Die Prüfung, ob die Regeln des Erwerbs eingehalten worden sind, ist nur durch den „äußerlich allgemein gesetzgebenden Willen" in einem (Vernunft-) Rechtsstaat

---

[16] Nachweise bei Brocker 1987, 120 f.; 196.

möglich, der das Privatrecht des „Naturzustandes"[17] „positiviert" und in Eigentumsstreitigkeiten autoritativ entscheidet. Nur im (Vernunft-) Rechtsstaat kann deshalb aus dem „provisorischen" Besitztitel des Naturzustandes ein „peremtorisches" (d. h. vollgültiges) Eigentumsrecht werden.[18]

Die Okkupation im Naturzustand erzeugt insofern wohl schon ein „Recht", wie Kant – gegen Hobbes – betont. Diesem Rechtsanspruch korrespondiert jedoch zugleich die Pflicht, mit allen anderen in einen „bürgerlichen Zustand" zu treten, in dem eine unabhängige, neutrale und öffentliche Gewalt über die Begründetheit des erhobenen Besitzanspruchs entscheiden kann (*MdS*; W, IV, 374; vgl. 365–367). Das Gebot, den Naturzustand zu verlassen (exeundum est e statu naturali), ist bei Kant folglich nicht (wie bei Hobbes oder Locke) prudentiell, sondern rechtsmoralisch begründet (Kersting 1994, 188 f.). Der entsprechende Imperativ lautet: „‚Tritt in einen Zustand, worin jedermann das Seine gegen jeden anderen gesichert sein kann' (lex iustitiae)" (*MdS*; W, IV, 344).

Rechtsverhältnisse sollen, so die Aufforderung der rechtlich-praktischen Vernunft nach Kant, an die Stelle von Gewaltverhältnissen treten. Daher müsse es erlaubt sein, „jeden anderen, mit dem es zum Streit des Mein und Dein über ein solches Objekt kommt, zu *nötigen*, mit ihm zusammen in eine bürgerliche Verfassung zu treten" (*MdS*; W, IV, 366):

---

[17] „Naturzustand" ist bei Kant nicht historisch im Sinne eines „ursprünglichen Zustands der Menschheit" zu verstehen, sondern wird durch die Abwesenheit von Staatlichkeit, d. h. einer staatlichen Rechtsordnung und staatlicher Institutionen der zwangsweisen Rechtsdurchsetzung definiert: „Der nicht-rechtliche Zustand, d. i. derjenige, in welchem keine austeilende Gerechtigkeit ist, heißt der natürliche Zustand (status naturalis). Ihm wird nicht der *gesellschaftliche* Zustand (wie Achenwall meint), und der ein künstlicher (status artificialis) heißen könnte, sondern der *bürgerliche* (status civilis) einer unter einer distributiven Gerechtigkeit stehenden Gesellschaft entgegen gesetzt" (*MdS*; W, IV, 423). Das im „Naturzustand" geltende Recht nennt Kant daher „Privatrecht".

[18] Der das Eigentum verbürgende und schützende Staat muss dabei selbst den Prinzipien der rechtlich-praktischen Vernunft entsprechen, also „Vernunftrechtsstaat" (vgl. Kap. 2) sein, um seine Sicherungsfunktion für das Eigentum wahrnehmen zu können. Der historisch-konkrete Staat, der nicht (Vernunft-) Rechtsstaat ist, ist nach Kant selbst Provisorium und als solcher unfähig, Eigentum zu legitimieren.

> „Aus dem Privatrecht im natürlichen Zustand geht nun das Postulat des öffentlichen Rechts hervor: du sollst, im Verhältnisse eines unvermeidlichen Nebeneinanderseins, mit allen anderen, aus jenem heraus, in einen rechtlichen Zustand [...] übergehen" (*MdS*; W, IV, 424).

Der Okkupant muss also eine öffentliche Gewalt mit zu begründen bereit sein. Diese Pflicht korrespondiert der allgemeinen Aneignungsbefugnis im Naturzustand (*MdS* § 2). Aus der Aneignungs*befugnis* folgt aber weder, dass *jedermann* Eigentümer sein *soll*, noch, dass jeder ein bestimmtes *Mindest*eigentum *haben* soll (Kersting 1991, 119). Die formale Prinzipientheorie des Eigentumsrechts macht keine Aussagen zu Verteilungsfragen und ermächtigt insofern auch nicht den Staat zur Umverteilung der im Naturzustand entstandenen individuellen Güterquanten: Die „bürgerliche Verfassung", so Kant, „ist allein der rechtliche Zustand, durch welchen jedem das Seine nur gesichert, eigentlich aber nicht ausgemacht und bestimmt wird. Alle Garantie setzt also das Seine von jemanden (dem es gesichert wird) schon voraus" (*MdS*; W, IV, 366).

Die Stoßrichtung der Kantischen Eigentumstheorie lässt sich anhand eines Gleichnisses verdeutlichen, das in Xenophons „Kyropädie" überliefert ist und auf das Reinhard Brandt in der Einleitung zu seinem informativen Band über die „Eigentumstheorien von Grotius bis Kant" hingewiesen hat:

> „[D]er junge Kyros wird von seinem Lehrer genötigt, in einem Streitfall ein Urteil zu sprechen: Ein großer Knabe mit einem kleinen Rock nahm einem kleinen Knaben dessen großen Rock und gab ihm seinen eigenen. Ist der große Knabe der rechtmäßige Besitzer des gewaltsam eingetauschten Rocks? Kyros entscheidet, daß es besser für beide ist, den jeweils passenden Rock zu behalten. Daraufhin wird er bestraft; hätte er, sagt ihm der Lehrer, zu beurteilen gehabt, was passend ist, so hätte er richtig geurteilt, er sollte jedoch entscheiden, wem der größere Rock gehört, und so hätte er prüfen müssen, wer im rechtmäßigen Besitz ist, der, der etwas gewaltsam entwendet hat oder der es gemacht oder gekauft hat" (Brandt 1974, 9).

Genau auf diese Weise soll der Staat nach Kant die Rolle des Richters übernehmen, sich mithin ausschließlich als Rechtssicherungsinstitution verstehen. Er prüft allein die Rechtmäßigkeit eines Eigentumsanspruchs. Dagegen fällt in seine Zuständigkeit nicht die Entscheidung, was „passend" ist, ja nicht einmal was „gerecht" ist – gemäß einer Konzeption von „Bedürfnisgerechtigkeit", „Leistungsgerechtigkeit" oder „Gleichheit". Härten zu mildern, Bedürftigen zu helfen, all das betrifft bei Kant die *Tugend* der Bürger. Für die Tugend der Bürger aber, die Tugendpflicht der Benevolenz und Mildtätigkeit etwa, ist der Rechtssicherungsstaat nicht zuständig (*MdS*; W, IV, 588 ff.).[19] Er hat nur darüber zu entscheiden, wem etwas (ursprünglich oder derivativ, durch „prima occupatio" oder Vertrag) von *Rechts* wegen *gehört*.

Im Hinblick auf die eingangs formulierte Problemstellung bedeutet das: Aus dem (kantischen) Rechts- und Eigentums*begriff* sind keine „sozialen Schranken" des Eigentums, keine sozialpolitischen Kompetenzen des Staates ableitbar. Den bürgerlichen Zustand kennzeichnet nach Kant zwar eine „öffentliche *Gerechtigkeit*", die er gelegentlich auch „austeilende Gerechtigkeit (iustitia distributiva)" nennt.[20] Aber hierbei handelt es sich um eine das *Recht* „austeilende" bzw. auf das Recht bezogene Gerechtigkeit, der Sache nach also bloß eine „iustitia correctiva". Sie zielt darauf, einen ursprünglichen Zustand, den status quo, wieder herzustellen, der in Frage gestellt oder gestört wurde (z. B. durch die Aneignung von „res alicuius"). Der Staat soll dem „Privatrecht" des „Naturzustandes" zur Durchsetzung gegen Widerstrebende verhelfen. Nur in dieser Hinsicht bezeichnet Kant den das Recht realisierenden Staat als „Zustand einer austeilenden Gerechtigkeit" (vgl. Brandt 1996, 429) – „Austeilung" eben nicht des „Mein und Dein", sondern Austeilung von Gerechtigkeit im Sinne einer rechtsgültigen Entscheidung, wem welches Recht zukommt (Hespe 2002, 146). Die „öffentliche Gerechtigkeit" setzt also notwendig etwas voraus, das *erhalten* werden soll: „Suum cuique tribue" heißt daher für Kant nicht etwa „gib jedem das Seine" – das würde nach seiner

---

[19] Tugendpflichten können, so Kant, „keiner äußeren Gesetzgebung unterworfen werden, weil sie auf einen Zweck gehen, der (oder welchen zu haben) zugleich Pflicht ist; sich aber einen Zweck vorzusetzen, das kann durch keine äußerliche Gesetzgebung bewirket werden (weil es ein innerer Akt des Gemüts ist)" (*MdS*; W, IV, 347).

[20] „Der rechtliche Zustand ist dasjenige Verhältnis der Menschen unter einander, welches die Bedingungen enthält, unter denen allein jeder seines Rechts teilhaftig werden kann, und das formale Prinzip der Möglichkeit desselben, nach der Idee eines allgemein gesetzgebenden Willens betrachtet, heißt die öffentliche Gerechtigkeit"; *MdS*; W, IV, 422 f. (§ 41); vgl. §§ 16, 42, 44.

Auffassung eine „Ungereimtheit" bedeuten, da niemandem etwas gegeben werden könne, „was er schon hat" –, sondern ‚Sichere jedem das Seine' (*MdS*; W, IV, 344). Und dieses „Seine" ist nichts anderes als das (angeborene und erworbene) Recht des Menschen, d. h. seine Freiheit und sein Eigentum (suum internum und externum). „Gerechtigkeit" meint bei Kant deshalb Sicherstellung der Rechts- und Eigentumsordnung. Der Staat ist Sicherungs- und Schiedsinstanz für das Eigentum, mehr nicht (vgl. Höffe 2004, 210; Pinzani 2005, 83–89; Hespe 2002, 146–149).[21] Als „Vereinigung einer Menge von Menschen unter Rechtsgesetzen" (*MdS*; W, IV, 431) ist sein Zweck ausschließlich darin zu sehen, die a priori geltenden Rechte der Menschen durch allgemeine Zwangsgesetze zu sichern (Koller 1989, 63). Der Übergang vom „Privatrecht" (des „Naturzustands") zum „öffentlichen Recht" (des „bürgerlichen Zustands") verändert daher allein die *Modalität* des Eigentums, nicht aber etwa dessen quantitative oder qualitative Verteilung (sofern die Güter im „Naturzustand" rechtmäßig erworben wurden):

„der Form nach enthalten die Gesetze über das Mein und Dein im Naturzustande ebendasselbe, was die im bürgerlichen vorschreiben, so fern dieser bloß nach reinen Vernunftbegriffen gedacht wird: nur dass im letzteren die Bedingungen angegeben werden, unter denen jene zur Ausübung (der distributiven Gerechtigkeit gemäß) gelangen" (*MdS*; W, IV, 431).

Kant geht es also ausschließlich um eine rechtliche Statusbestimmung des Eigentums, nicht um Fragen der *sozialen* Gerechtigkeit. Eigentum wird nach seiner Auffassung vom Staat als Vernunftrechtsinstitut vorgefunden, staatliche Souveränität entsprechend im Wesentlichen vom Bild des unabhängigen, über den Parteien stehenden neutralen *Richters* her, als öffentliche Gerichtsbarkeit, gedacht: Den „Gerichtshof", so Kant, nennt man „selbst die *Ge-*

---

[21] Dies impliziert nicht die *Sakrosanktheit* des Eigentums: Trivial ist, dass der Staat zur Erfüllung der genannten Aufgaben Steuern und Abgaben wird erheben müssen (*MdS*; W, IV, 445), dass er zur Ermöglichung eines freien Rechtsverkehrs ein Zivilrecht schaffen muss, das auch (indirekt) Auswirkungen auf die Rechte von Eigentümern und die Güterverteilung haben wird (vgl. Kants Ausführungen zur Ersitzung [*MdS*; W, IV, 406 ff.], zur Beerbung ohne Vermächtnis [408 ff.] zu den Grenzen des Vindikationsrechts [412 ff.] etc.); vgl. Brocker 1987, 141 ff.

rechtigkeit eines Landes [...], und, ob eine solche sei oder nicht sei, [kann] als die wichtigste unter allen rechtlichen Angelegenheiten gefragt werden" (*MdS*; W, IV, 423).

In der Terminologie von Robert Nozick (1974, Kap. 7) ließe sich diese Position so zusammenfassen: Kants Rechtsphilosophie entwickelt einen *historisch-genetischen* Gerechtigkeitsgrundsatz, sie fragt allein nach der gerechten ersten Aneignung (und der gerechten Übertragung durch Vertrag); sie entwickelt keinen *strukturellen* Gerechtigkeitsgrundsatz, anhand dessen die sich so ergebende Verteilung zu korrigieren (oder ganz zu ersetzen) wäre. Der Kantischen Eigentums- und Rechtsstaatstheorie sind keine normativen Richtlinien für eine gestaltende Eigentumspolitik (im Sinne von Normen der Verteilungsgerechtigkeit) zu entnehmen.

Aus diesem Grund sind nach Kant „Freiheit" und „Rechtsgleichheit" auch mit sozialer oder ökonomischer Ungleichheit vereinbar. Die „durchgängige Gleichheit der Menschen in einem Staat", so Kant, „als Untertanen desselben, besteht aber ganz wohl mit der größten Ungleichheit, der Menge, und den Graden ihres Besitztums [...]; so daß des einen Wohlfahrt sehr vom Willen des anderen abhängt (des Armen vom Reichen), daß der eine gehorsamen muß [...] und der andere ihm befiehlt, daß der eine dient (als Taglöhner) der andere lohnt, u.s.w." (*Gemeinspruch*; W, VI, 147). Dass Kant „für eine möglichst gleichmäßige Besitzverteilung" eingetreten sei, wie Fetscher (1976, 186) glaubt, ist daher eine ganz irrige Auffassung. Nicht einmal eine allgemeine Chancengleichheit muss der Staat nach Kant durch politische Maßnahmen gewährleisten. Zwar heißt es bei ihm: „Jedes Glied desselben [sc. des Staates] muß zu jeder Stufe eines Standes in demselben (die einem Untertan zukommen kann) gelangen dürfen, wozu ihn sein Talent, sein Fleiß und sein Glück hinbringen können" (*Gemeinspruch*; W, VI, 147).[22] Doch ist hierunter keine aktive (wohlfahrts-) staatliche Gestaltung einer bestimmten Chancenstruktur zu verstehen, sondern allein das Verbot ständischer (aristokratischer)

---

[22] Vgl. AA, XXIII, 292: „Jeder Mensch im Staat ist Staatsbürger d. i. es muß ihm möglich gelassen werden zu allen Stufen der Wohlhabenheit der Ämter und der Ehre unter der Herrschaft des Souveräns zu gelangen wozu Talent, Verdienst und Glück nur immer führen können d. i. es gibt keine Privilegirten vor andern unter Bürgern."

Privilegien. „[U]nd es dürfen ihm", fährt Kant fort, „seine Mituntertanen durch ein *erbliches* Prärogativ (als Privilegiaten für einen gewissen Stand) nicht im Wege stehen, um ihn und seine Nachkommen unter demselben ewig niederzuhalten" (147 f.). Adelsprivilegien einerseits, Fideikommisse, Majorate und ewige Stiftungen andererseits, die Rechtsungleichheiten schaffen bzw. den freien Eigentumstransfer verhindern (*MdS*; W, IV, 444), sind illegitim, weil sie der Freiheit und Rechtsgleichheit widersprechen. Die genannten Eigentumsformen können infolgedessen nach Kant – so sie in einer konkreten Gesellschaft (wie der preußischen) bestehen, gegen Entschädigung – aufgehoben werden. Andere Eigentumsungleichheiten sowie vererbte Vermögen dagegen sind nach Kant rechtlich zulässig und staatlicherseits unangetastet zu lassen: „Alles andere [sc. außer Standesvorrechte] mag er vererben, was Sache ist (nicht Persönlichkeit betrifft) und als Eigentum erworben und auch von ihm veräußert werden kann, und so in einer Reihe von Nachkommen eine beträchtliche Ungleichheit in Vermögensumständen unter den Gliedern eines gemeinen Wesens (des Söldners und Mieters, des Gutseigentümers und der ackerbauenden Knechte u. s. w.) hervorbringen" (*Gemeinspruch*; W, VI, 148 f.). Der vernunftrechtlich geforderten Rechtsgleichheit ist mit der Schaffung einer auf allgemeinen Gesetzen beruhenden Ordnung und der Beseitigung von Standesprivilegien genüge getan. Dass dem Staat aus dem Prinzip der Rechtsgleichheit der Bürger Befugnisse zu einer weiter gehenden sozialstaatlichen Gestaltung der *Besitz*verhältnisse erwüchsen, lässt sich aus den zitierten Aussagen Kants nicht ableiten.

1.4 Kant und die Sozialpolitik

Gilt das Umverteilungsverbot aber auch für den Fall, dass die physische Existenz von Bürgern bedroht ist, durch staatliche Hilfen aber Menschenleben gerettet werden könnten? Hierauf ist zu antworten, dass dem bei Kant rein formal konzipierten (Eigentums-) Recht die Frage, ob alle Menschen ihr Leben reproduzieren können, grundsätzlich *äußerlich* bleibt. Für Kants Rechtslehre ist allein der *Rechts*wille, nicht der Lebenswille konstitutiv. Gleichwohl sind einige Interpreten der Auffassung, Kant habe eine staatliche Grundsicherung für all jene Bürger vorgesehen, die ihren Lebensunterhalt nicht selbst erwirtschaften können. Als Beleg führen sie eine Stelle aus der „Metaphysik der Sitten" an, in der es heißt: Der Regierung eines Staates „steht *indirekt*, d. i. als Übernehmer der Pflicht des Volks, das Recht zu, dieses mit Abgaben zu seiner (des Volks) eigenen Erhaltung zu belasten, als da sind: das Armenwesen, die Findelhäuser und das Kirchenwesen, sonst milde, oder fromme Stiftungen genannt [...] Von Staatswegen ist also die Regierung berechtigt, die Vermögenden zu nötigen, die Mittel der Erhaltung derjenigen, die es, selbst den notwendigsten Naturbedürfnissen nach, nicht sind, herbei zu schaffen" (*MdS*; W, IV, 446).

Auf den ersten Blick scheint der Passus die Auffassung einer „sozialpolitischen Öffnung" des Kantischen Rechtsschutzstaates zu bestätigen. Der Kontext zeigt jedoch, dass sich hinter den Ausführungen etwas anderes verbirgt. Bezeichnenderweise rechnet Kant selbst sie nicht zur Prinzipientheorie des Rechts, sondern zum Bereich der „ausübenden Rechtslehre", d. i. der „Politik",[23] weshalb er die genannten Maßnahmen nur in einer „Allgemeinen *Anmerkung*" zum Staatsrecht behandelt. Der „Oberbefehlshaber" (die Regierung) kann, so sind seine Überlegungen – im Zusammenhang – zu interpretieren, von den Bürgern Abgaben zur Unterhaltung sozialer Einrichtungen einfordern, wenn die Bekämpfung von Armut und Not zur *Abwehr innerer Unruhen*, d. h. um der Existenz, Sicherheit und Stabilität des *Staates* (als Ort der Verwirklichung des Rechts) willen, erforderlich ist – etwa im Sinne eines ‚gekauften Friedens'. Es geht Kant an der zitierten Stelle erkennbar nicht um „(subjektives) Recht" etwa auf ‚Hilfe zum Lebensunterhalt', sondern um „kluge Politik".[24] Verbunden sind Kants Äußerungen denn auch mit Reflexionen über die allgemeine Aufgabe der Politik („Polizei"), öffentliche Sicherheit, Ordnung und „Anständigkeit" zu wahren, in dem man „Bettelei", Prostituti-

---

[23] *MdS*; W, IV, 446 ff.; vgl. *ZeF*; W, VI, 229; zum Begriff: Gerhardt 1996, 482 f.
[24] Anders als etwa Merle 1999, 203, annimmt, besteht nach Kant *kein* subjektiver Rechtsanspruch auf Unterhalt gegen die Gemeinschaft; vgl. Reflexion 8000; AA, XIX, 578.

on („öffentliche Wollust"), „Lärmen auf den Straßen" etc. (*MdS*; W, IV, 445) nicht nur durch Verbote, sondern auch durch Gewährung von Subsistenzmitteln verhindert. Kant schränkt die Reichweite dieses Ratschlags daher sogleich wieder ein. Ergreife man die genannten Maßnahmen, gelte es unmittelbar Vorkehrungen zu treffen, dass „das Armsein" nicht „zum Erwerbmittel für faule Menschen" werde, „und so eine *ungerechte* Belästigung des Volks durch die Regierung" zur Folge habe (*MdS*; W, IV, 447; Hervorhebung hinzugefügt). Denn nur dann, so ist zu ergänzen, würden die Vermögenden die entsprechende Steuererhebung nicht als Verletzung ihres Eigentumsrechts betrachten. Würden jedoch Steuermittel für Umverteilungsmaßnahmen erhoben, ohne dass eine imminente Bedrohung des Staates besteht, wäre dies als rechtswidriger staatlicher Eingriff in das Eigentum der Bürger zu betrachten. Kant hat keinen Zweifel daran gelassen, dass er diese (Lockesche) Position vertrat. In seiner Schrift „Zum ewigen Frieden" heißt es: Die Machthabenden seien rechtlich verpflichtet, „niemanden sein Recht aus Ungunst oder Mitleiden [!] gegen andere zu weigern oder zu schmälern [...]; die politische Maximen müssen nicht von der, aus ihrer Befolgung zu erwartenden, Wohlfahrt und Glückseligkeit eines jeden Staats, also nicht vom Zweck, den sich ein jeder derselben zum Gegenstande macht (vom Wollen), als dem obersten (aber empirischen) Prinzip der Staatsweisheit, sondern von dem reinen Begriff der Rechtspflicht (vom Sollen, dessen Prinzip a priori durch reine Vernunft gegeben ist) ausgehen, die physische Folgen daraus mögen auch sein, welche sie wollen [!]" (*ZeF*; W, VI, 241 f.). Somit hat der Staat das Recht zu achten und es in strittigen Fällen unabhängig von den jeweils betroffenen Personen durchzusetzen. Er hat sich bei seinen Handlungen allein am Recht zu orientieren, und darf sich nicht durch Mitgefühl oder Erwägungen der Menschlichkeit verleiten lassen, das Interesse einzelner oder bestimmter Gruppen zu fördern oder zu behindern.

Die Abwehr von Armut und Not ist für Kant insofern keine genuin (rechts-) staatliche Aufgabe. Sie ist möglicherweise dann eine kluge politische Maßnahme, wenn die Existenz des Staates durch Armutsrevolten bedroht ist. Darüber hinaus aber ist sie ausschließlich eine *moralische* Pflicht der Bürger, die der Tugendpflicht der Benevolenz und Mildtätigkeit gegenüber den Notleidenden unterstehen. Doch auch die Notleidenden haben nach Kant eine moralische Pflicht, nämlich für ihren Lebensunterhalt selbst zu sorgen. *Jeder* müsse sich, so Kant, soweit er kann, selbst erhalten, und niemand dürfe sich selbst töten oder vernachlässigen (*MdS*; W, IV, 553 ff.; §§ 5–6). Auch wenn man sich selbst in Notsituationen nicht „freiwillig" in Leibeigenschaft oder Lohn-Sklaverei begeben dürfe,[25] so habe doch jeder Anstalten zu treffen, um seinen Lebensunterhalt *selbst* erwirtschaften zu können. Eine staatliche Arbeitspflicht wird man hieraus nicht ableiten können. Aber sicher auch kein Unterhaltsrecht gegenüber der Rechtsgemeinschaft im Sinne einer gesetzlich garantierten Grundsicherung für Bedürftige. „Bedürftigkeit", so interpretiert Kersting die Aussagen Kants zutreffend, „vermag nicht rechtlich zu verbinden, niemand ist rechtlich verpflichtet, auf sie zu reagieren. Eine Rechtsgemeinschaft ist keine Solidargemeinschaft der Bedürftigen, sondern eine Selbstschutzgemeinschaft der Handlungsmächtigen" (1984, 98).

Insgesamt wird man also mit Blick auf die Kantische Rechtsphilosophie kaum von einer Sozialstaatsbegründung – und sei es auch nur „zur Garantie adäquater Realbedingungen der Freiheit" (Luf) in einem Gemeinwesen – sprechen dürfen.

Der Satz „Eigentum verpflichtet. Sein Gebrauch soll zugleich dem Wohle der Allgemeinheit dienen" (Art. 14 II GG) ist daher ganz unkantianisch, weil es bei Kant keinen substantiellen Begriff von „Gemeinwohl"[26] mehr gibt, der hier Maßstäbe für die

---

[25] Ein solcher Vertrag, in dem eine Partei „auf seine ganze Freiheit Verzicht tut, mithin aufhört, eine Person zu sein" (*MdS*; W, IV, 396 f.; vgl. 451) wäre von vorneherein nichtig; er wäre auch unmoralisch, verstieße er doch gegen das Gebot, sich anderen nicht zum bloßen Mittel zu machen (*MdS*; W, IV, 382; AA, XXIII, 238).

[26] Unter „Gemeinwohl" verstand die vor-kantische, aristotelisch geprägte Philosophie die Förderung der Entfaltung der Wesensnatur des Menschen, d. h. die Ermöglichung der Verwirklichung des τέλος (menschlichen Seins); Kant, der mit der hinter dieser Auffassung stehenden Metaphysik bricht, benutzt den Begriff („salus publica") zwar weiter, versteht darunter aber allein noch die „Erhaltung der bloßen gesetzlichen Form einer bürgerlichen Gesellschaft" (Brief an Jung-Stilling; AA, XI, 10), d. h. die Ordnung der individuellen Freiheitsräume der Bürger durch Recht.

Eigentumspolitik liefern könnte. Wohlfahrtsstaatliche Maßnahmen sind der Regierung geradezu untersagt, weil für sie keine objektiven Kriterien bzw. allgemeingültigen Prinzipien formuliert werden könnten (denn jeder habe seine eigenen Vorstellungen von Wohlfahrt und Glück)[27] und sie mit der Freiheit der Bürger deshalb immer unvereinbar seien: „Ein Landesherr ist nicht befugt die Bürger zu Handlungen zu nöthigen, die dem bono communi gemäß seyn, sondern die gemeinschaftliche Gewalt dazu anzuwenden, daß der finis privatus eines jeden nicht gehindert werde (Reflexion 7542; AA, XIX, 451). Freiheit und Eigentum der Untertanen dürfen nach Kant nicht als Dispositionsmasse zur Herstellung von „gesellschaftlicher Glückseligkeit" durch bevormundende Fürsorge betrachtet werden. Ein solcher *Paternalismus* führe zwangsläufig zur *Despotie* (vgl. *Gemeinspruch*; W, VI, 146; 159): „Im Staatsrecht ist nicht das Glük der Bürger (denn das mögen sie selbst besorgen) sondern das Recht derselben, was das princip der Verfassung ausmacht. Der Wohlstand des Ganzen ist nur das Mittel, ihr Recht zu sichern und sie dadurch in den Stand zu setzen, sich selbst auf alle Weise glüklich zu machen" (Reflexion 7938; AA, XIX, 560). Bestehende soziale Ungleichheiten sind demnach als Resultat unterschiedlichen „Fleißes", „Talents" oder auch „Glücks" anzusehen, die den Staat als solche nichts angehen – immer vorausgesetzt die Güter wurden legal erworben. Es gilt mithin nach Kant tatsächlich der Satz: Wohl dem, der im (rechtmäßigen) Besitze ist. „Beati Possidentes!"[28]

Das Sozialstaatsgebot des deutschen Grundgesetzes (Art. 20 I GG) ist mit Kantischen Prinzipien nicht zu begründen. Im

---

[27] Vgl. *StF*; W, VI, 360 Anm.: „Wohlfahrt [...] hat kein Prinzip, weder für den, der sie empfängt, noch der sie austeilt (der eine setzt sie hierin, der andere darin)".

[28] Otfried Höffe ist insofern zuzustimmen, wenn er schreibt: „Kant [taugt] nicht als Kronzeuge für die Entwicklung der rechtsstaatlichen Demokratien zu Sozialstaaten" (2004, 15). Ähnlich Hespe (2002, 149): Die „glücklichen Besitzer unterliegen [...] beim Eintritt in den bürgerlichen Zustand keinem Umverteilungsvorbehalt"; allenfalls müssten sie es sich gefallen lassen, dass „ihr Eigentumstitel einer rechtlichen Prüfung seiner Gültigkeit unterworfen werden kann", ob er also durch *prima* occupatio oder Vertrag erworben wurde. Dass der Kantische Staat Rechtssicherungsanstalt und nicht Wohlfahrtsagentur ist, betonen weiterhin Deggau 1983, 248 ff.; Kersting 1984, 243 ff., 338 ff.; Koslowski 1985, 33 ff.; Zotta 2000, 105–117; Kersting 2000, 24 ff.

Gegenteil wäre vielmehr der bestehende deutsche Wohlfahrtsstaat in seinen Augen weitgehend illegitim. Aus seiner Philosophie lassen sich insofern auch keine Anhaltspunkte zur Definition des Inhalts und der Reichweite der verschiedenen Staatszielbestimmungen der deutschen Verfassung *und ihrer Ausbalancierung* gewinnen. Kant ist – wie die zeitgenössischen „Libertarians" – Theoretiker allein des freiheitlichen Rechtsstaats, nicht des Rechts*und* Sozialstaats. Er reflektiert wie diese nicht – oder nicht in ausreichendem Maße – über jene Bedingungen, die eine gesellschaftlich stabile, gerechte und demokratisch-lebendige politische Ordnung erst ermöglichen. Dazu gehört zweifellos ein gewisses Maß an sozialem Ausgleich. Um diesen aber herbeiführen zu können, wird man von liberalistischen Vorstellungen eines absoluten bzw. ‚holistischen' Eigentumsbegriffs abrücken müssen. Dass sich ein solcher Eigentumsbegriff auch theoretisch gar nicht begründen lässt, habe ich an anderer Stelle zu zeigen versucht (Brocker 1992, 388 ff.). Was in der vorgenannten Hinsicht *politisch* zu tun ist, darauf gibt das formale Rechtsstaatsdenken des „libertarianism" und also auch Kants nicht zuletzt aus diesem Grund keinerlei Auskunft.

1.5 Literatur zum ersten Kapitel

Baumann, Peter: Zwei Seiten der Kantschen Begründung von Eigentum und Staat. In: Kant-Studien 85, 1994, S. 147–159.

Baynes, Kenneth: Kant on Property Rights and the Social Contract. In: The Monist 72, 1989, S. 433–453.

Böckerstette, Heinrich: Aporien der Freiheit und ihre Aufklärung durch Kant. Stuttgart/Bad Cannstatt 1982.

Brandt, Reinhard: Eigentumstheorien von Grotius bis Kant. Stuttgart/Bad Cannstatt 1974.

- : (Hrsg.): Rechtsphilosophie der Aufklärung. Berlin/New York 1982.
- : Das Erlaubnisgesetz, oder Vernunft und Geschichte in Kants Rechtslehre. In: ders. (Hrsg.), Rechtsphilosophie der Aufklärung. Berlin/New York 1982 (a), S.233–285.
- : Gerechtigkeit bei Kant. In: Jahrbuch für Recht und Ethik 1, 1993, S. 25–44.
- : Gerechtigkeit und Strafgerechtigkeit bei Kant. In: Gerhard Schönrich/Yasushi Kato (Hrsg.), Kant in der Diskussion der Moderne. Frankfurt a. M. 1996, S. 425–463.

Brocker, Manfred: Kants Besitzlehre. Zur Problematik einer transzendentalphilosophischen Eigentumslehre. Würzburg 1987.
– : Arbeit und Eigentum. Der Paradigmenwechsel in der neuzeitlichen Eigentumstheorie. Darmstadt 1992.
Buchda, Gerhard: Das Privatrecht Immanuel Kants. Ein Beitrag zur Geschichte und zum System des Naturrechts. Jena 1929.
Busch, Werner: Die Entstehung der kritischen Rechtsphilosophie Kants, 1762–1780. Berlin/New York 1979.
Deggau, Hans-Georg: Die Aporien der Rechtslehre Kants. Stuttgart/Bad Cannstatt 1983.
Dicke, Klaus: Zur Begründung eines Menschenrechts auf Eigentum. In: Europäische Grundrechte-Zeitschrift 1982, S. 361–367.
Edwards, Jeffrey: Disjunktiv- und kollektiv-allgemeiner Besitz: Überlegungen zu Kants Theorie der ursprünglichen Erwerbung. In: Dieter Hüning/Burkhard Tuschling (Hrsg.), Recht, Staat und Völkerrecht bei Immanuel Kant. Berlin 1998, 121-139.
Fetscher, Iring: Immanuel Kants bürgerlicher Reformismus. In: ders., Herrschaft und Emanzipation. München 1976.
Flikschuh, Katrin: Kant and Modern Political Philosophy. Cambridge 2000.
Forschner, Maximilian: Gesetz und Freiheit. Zum Problem der Autonomie bei I. Kant. München 1972.
Friedrich, Rainer: Eigentum und Staatsbegründung in Kants „Metaphysik der Sitten". Berlin/New York 2004.
Fulda, Hans Friedrich: Erkenntnis der Art, etwas Äußeres als das Seine zu haben (Erster Teil. Erstes Hauptstück). In: Otfried Höffe (Hrsg.), Immanuel Kant, Metaphysische Anfangsgründe der Rechtslehre. Berlin 1999, S. 87–115.
Gerhardt, Volker: Die republikanische Verfassung. Kants Staatstheorie vor dem Hintergrund der Französischen Revolution. In: Deutscher Idealismus und Französische Revolution. Schriften aus dem Karl-Marx-Haus Trier, 37, 1988.
– : Ausübende Rechtslehre. Kants Begriff der Politik. In: Gerhard Schönrich/Yasushi Kato (Hrsg.), Kant in der Diskussion der Moderne. Frankfurt a. M. 1996, S. 464–488.
Gregor, Mary: Kant's Theory of Property. In: The Review of Metaphysics 41, 1988, S. 757–787.
Große Kracht, Hermann Josef: Renaturalisierung sozialer Ungleichheiten? Zu Wolfgang Kerstings vergeblicher Hoffnung, auf dem Weg von John Rawls über Robert Nozick zu einer liberalen Sozialstaatsphilosophie zu gelangen. In: Politische Vierteljahresschrift 45/3, 2004, S. 395–413.
Herb, Karlfriedrich/Ludwig, Bernd: Naturzustand, Eigentum und Staat. I. Kants Relativierung des „ideal des hobbes". In: Kant-Studien 83, 1993, S. 283–316.
Hespe, Franz: „Wohl dem, der im Besitz ist". Zur Eigentumsbegründung in Kants „Rechtslehre". In: Dieter Hüning/Gideon Stiening/Ulrich Vogel (Hrsg.), Societas rationis. Festschrift für Burkhard Tuschling zum 65. Geburtstag. Berlin 2002, S. 119–149.
Hinske, Norbert: Kants Warnung vor dem Wohlfahrtsstaat. In: Die Neue Ordnung 58/6, 2004, 444–451.

Höffe, Otfried: Politische Gerechtigkeit. Grundlegung einer kritischen Philosophie von Recht und Staat. Frankfurt a. M. 1987.
– (Hrsg.): Immanuel Kant, Metaphysische Anfangsgründe der Rechtslehre. Berlin 1999.
– : Immanuel Kant. München ^{6}2004.
Horn, Christoph/Scarano, Nico (Hrsg.): Philosophie der Gerechtigkeit. Texte von der Antike bis zur Gegenwart. Frankfurt a. M. 2002.
Hruschka, Joachim: The Permissive Law of Practical Reason in Kant's Metaphysics of Morals. In: Law and Philosophy 23, 2004, S. 45–72.
Kant, Immanuel: Werke in 6 Bänden. Hrsg. von Wilhelm Weischedel. Darmstadt 1956–1964 (^{4}1975).
– : Gesammelte Schriften. Hrsg. von der Preußischen/Deutschen (Bd. XXIII)/ Göttinger (seit Bd. XXIV) Akademie der Wissenschaften. Berlin 1900 ff.
Kaulbach, Friedrich: Studien zur späten Rechtsphilosophie Kants und ihrer transzendentalen Methode. Würzburg 1982.
Kersting, Wolfgang: Transzendentalphilosophische und naturrechtliche Eigentumsbegründung. In: Archiv für Rechts- und Sozialphilosophie 67, 1981, S. 157–175.
– : Wohlgeordnete Freiheit. Immanuel Kants Rechts- und Staatsphilosophie. Berlin/New York 1984 (2. Auflage Frankfurt a. M. 1993).
– : Eigentum, Vertrag und Staat bei Kant und Locke. In: Martyn P. Thompson (Hrsg.), John Locke und/and Immanuel Kant. Historische Rezeption und gegenwärtige Relevanz. Berlin 1991, S. 109–134.
– : Die Politische Philosophie des Gesellschaftsvertrags. Darmstadt 1994.
– : Einleitung: Probleme der politischen Philosophie des Sozialstaats. In: ders. (Hrsg.), Politische Philosophie des Sozialstaats. Weilerwist 2000, S. 17–92.
– : Kant über Recht. Paderborn 2004.
Klein, Martha: Morality and Justice in Kant. In: Ratio (New Series) 3/1, 1990, S. 1–20.
Koller, Peter: Zur Kritik der Kantischen Konzeption von Freiheit und Gerechtigkeit. In: Wolfgang L. Gombocz/Heiner Rutte/Werner Sauer (Hrsg.), Traditionen und Perspektiven der analytischen Philosophie. Wien 1989, S. 54–69.
Koslowski, Peter: Staat und Gesellschaft bei Kant. Tübingen 1985.
Kühl, Kristian: Eigentumsordnung als Freiheitsordnung. Zur Aktualität der Kantischen Rechts- und Eigentumslehre. Freiburg/München 1984.
– : Von der Art, etwas Äußeres zu erwerben, insbesondere vom Sachenrecht (§§ 10–17). In: Otfried Höffe (Hrsg.), Immanuel Kant, Metaphysische Anfangsgründe der Rechtslehre. Berlin 1999, S. 117–132.
Küsters, Gerd-Walter: Kants Rechtsphilosophie. Darmstadt 1988.
Langer, Claudia: Reform nach Prinzipien. Untersuchungen zur politischen Theorie Immanuel Kants. Stuttgart 1986.
Ludwig, Bernd: Kants Verabschiedung der Vertragstheorie – Konsequenzen für eine Theorie sozialer Gerechtigkeit. In: Jahrbuch für Recht und Ethik 1, 1993, S. 221–254.
– : Einleitung. In: Immanuel Kant, Metaphysische Anfangsgründe der Rechtslehre. Hamburg ^{2}1998, S. xiii–xl.

Luf, Gerhard: Freiheit und Gleichheit. Die Aktualität im politischen Denken Kants. Wien/New York 1978.

Matz, Ulrich: Aporien individualistischer Gemeinwohlkonzepte. In: Anton Rauscher (Hrsg.), Selbstinteresse und Gemeinwohl. Beiträge zur Ordnung der Wirtschaftsgesellschaft. Berlin 1985, S. 321–357.

Merle, Jean-Christophe: Funktionen, Befugnisse und Zwecke der Staatsverwaltung. Zur Allgemeinen Anmerkung zu § 52, B–D. In: Otfried Höffe (Hrsg.), Immanuel Kant, Metaphysische Anfangsgründe der Rechtslehre. Berlin 1999, S. 195–212.

Nida-Rümelin, Julian: Rawls und Nozick – ein Gegensatz Kantischer und Lockescher Gerechtigkeitskonzeptionen? In: Martyn P. Thompson (Hrsg.), John Locke und/and Immanuel Kant. Historische Rezeption und gegenwärtige Relevanz. Berlin 1991, S. 348–359.

Nozick, Robert: Anarchy, State, and Utopia. New York 1974.

Pinzani, Allessandro: Der systematische Stellenwert der pseudo-ulpianischen Regeln in Kants „Rechtslehre". In: Zeitschrift für philosophische Forschung 59/1, 2005, S. 71–94.

Rawls, John: A Theory of Justice. Cambridge, Mass. 1971.

– : Gerechtigkeit als Fairneß. Ein Neuentwurf. Frankfurt a. M. 2003.

Rosen, Allen D.: Kant's Theory of Justice. Ithaca, N. Y./London 1993.

Sänger, Monika: Die kategoriale Systematik in den „Metaphysischen Anfangsgründen der Rechtslehre". Ein Beitrag zur Methodenlehre Kants. Berlin/New York 1982.

Sassenbach, Ulrich: Der Begriff des Politischen bei Immanuel Kant. Würzburg 1992.

Schild, Wolfgang: Begründungen des Eigentums in der Politischen Philosophie des Bürgertums. Locke – Kant – Hegel. In: Johannes Schwardtländer/Dietmar Willoweit (Hrsg.), Das Recht des Menschen auf Eigentum. Kehl/Straßburg 1983, S. 33–60.

Schmidt-Klügmann, M.: Überlegungen zum modernen Sozialrecht auf der Grundlage der praktischen Philosophie Kants. In: Archiv für Rechts- und Sozialphilosophie 71, 1985, S. 378–403.

Shell, Susan Meld: Kant's Theory of Property. In: Political Theory 6, 1978, S. 75–90.

Süchting, Gerald: Eigentum und Sozialhilfe. Die eigentumstheoretischen Grundlagen des Anspruchs auf Hilfe zum Lebensunterhalt gem. § 11 Abs. 1 BSHG nach der Privatrechtslehre Immanuel Kants. Berlin 1995.

Volkmann-Schluck, Karl-Heinz: Politische Philosophie. Thukydides – Kant – Tocqueville. Frankfurt a. M. 1974.

Waldron, Jeremy: Theoretical foundations of liberalism. In: Philosophical Quarterly 37, No. 147, 1987, S. 127–150.

Wetzel, Margrit: Kriterien politischer Gerechtigkeit. Zur Aktualität Kants. Hamburg, Diss. phil. 1987.

Zotta, Franco: Immanuel Kant. Legitimität und Recht. Eine Kritik seiner Eigentumslehre, Staatslehre und seiner Geschichtsphilosophie. Freiburg/München 2000.

2. Rechtsstaat als Basisdemokratie? Eine kritische Analyse der Kant-Rezeption in der zeitgenössischen deliberativen Demokratietheorie

2.1 Das Konzept der „deliberativen Demokratietheorie"

„Deliberative Demokratie" bezeichnet bei Habermas (1994, 369) eine bestimmte Form der Willensbildung und Verständigung über öffentliche Angelegenheiten. Diese Form bezieht ihre Legitimationskraft aus der Erwartung aller Beteiligten, dass ihre besondere *diskursive* Struktur zu vernünftigen Ergebnissen führen wird.
Das *Deliberations- oder Diskurs*prinzip besagt, dass nur solche Handlungsnormen gültig sind, „denen alle möglicherweise Betroffenen als Teilnehmer an rationalen Diskursen zustimmen könnten" (138). Die Adressaten des Rechts müssen sich somit auch als seine Urheber verstehen können (135). Indem die Legitimität des Rechts auf dessen diskursive Genese zurückgeführt wird, enthüllt sich die hinter diesem Konzept stehende Vorstellung, dass alles Recht letztlich auf *Konsens* beruhen müsse.

Das *Demokratie*prinzip besagt, dass eine vernünftige politische Meinungs- und Willensbildung institutionalisiert werden kann durch „ein System von Rechten, welches jedermann die gleiche Teilnahme an einem solchen, zugleich in seinen Kommunikationsvoraussetzungen gewährleisteten Prozess der Rechtsetzung sichert" (142). Neben der Gleichberechtigung aller Teilnehmer gewährleistet das „System der Rechte" die Offenheit der Agenda, die Abwesenheit von Zwängen und die Möglichkeit der Infragestellung geltender Diskursregeln. Darin entdeckt Habermas zugleich die „Substanz der Menschenrechte"; sie stecke „in den formalen Bedingungen für die rechtliche Institutionalisierung jener Art diskursiver Meinungs- und Willensbildung, in der die Souveränität des Volkes rechtliche Gestalt annimmt" (135).

Habermas weist damit auf den seiner Ansicht nach bestehenden engen Zusammenhang zwischen Volkssouveränität und Menschenrechten hin. Er spricht von der „Gleichursprünglichkeit von privater und öffentlicher Autonomie" (135). Grundrechte und politische Beteiligung setzen sich demnach wechselseitig voraus. Grundrechte *beschränken* den demokratischen Prozess nicht, sondern seien ihrerseits selbst dessen Voraussetzung und Resultat. Hinter dieser Position stehen letztlich zwei immanente Kritiken (vgl. Habermas 1992): Die eine betrifft zunächst das liberale Politikmodell mit seiner ‚Verabsolutierung individueller Rechte'. Während diese im liberalen Modell dem demokratischen Prozess grundsätzlich entzogen sein sollen, suchen deliberative Demokratietheorien stattdessen den demokratischen Prozess zu entschränken. Die Bestimmung und Interpretation von Grundrechten soll letztlich ebenfalls der demokratischen Deliberation und Entscheidung überantwortet werden. Andererseits wendet sie sich gegen die ökonomische, elitistisch-wettbewerbliche Theorie der Demokratie (Schumpeter, Downs u. a.), die Demokratie nur als politische *Methode* der Führungsauswahl begreift (vgl. Schmidt 2000, 197 ff.).[29]

Die deliberative Theorie versteht Demokratie dagegen nicht allein als Methode, sondern auch als *ethisches Ziel*. Sie geht davon aus, dass die Präferenzen der Bürger nicht exogen vorgegeben sind, sondern endogen, durch den politischen Prozess der öffentlichen Diskussion und Willensbildung beeinflusst, geprägt und verändert werden. Für sie ist Demokratie ein gesamtgesellschaftlicher Lern- und Aufklärungsprozess. Weil am Ende des – wie ein moralischer Filter wirkenden (Habermas 1994, 367 ff.) – kommunikativen Prozesses nur verallgemeinerungsfähige Interessen und Handlungsorientierungen übrig blieben, würden durch die Ausweitung und Vertiefung des demokratischen Verfahrens das Gemeinwohl gefördert und die in der Gesellschaft bestehenden Konflikte reduziert werden.

---

[29] Die ökonomische Theorie geht, nebenbei bemerkt, zudem davon aus, dass es für Bürger *nicht* rational ist, sich über alle politischen Fragen umfassend zu informieren und, ungeachtet entstehender Opportunitätskosten – möglicherweise unbefristet, zu debattieren.

Hinter diesem optimistischen und expansionistischen Politikkonzept verbirgt sich letztlich die Vorstellung von der transformierenden Kraft der wahren Demokratie, wie sie zuerst Jean-Jacques Rousseau entwickelt hat (Du Contrat Social, 1762). Nach Rousseau sind allein in der „identitären Demokratie" individuelle Freiheit und staatliche Herrschaft vereinbar, weil nur in ihr alle staatliche Gesetzgebung Selbstgesetzgebung ist. In ihr überwinde der „bourgeois" seine Selbstbezogenheit, Apathie und Entfremdung und werde zum „citoyen", der seine Privatinteressen dem Gemeinwohl unterordnet. Nur dann, wenn diese Bedingungen erfüllt seien, darin stimmen Vertreter der deliberativen Demokratietheorie mit Rousseau überein, gebe es keinen Widerspruch mehr zwischen individueller Autonomie und staatlicher Gesetzgebung; denn „l'obéissance à la loi qu'on s'est prescrite est liberté" (J. J. Rousseau, Du Contrat Social, I, 8) – oder mit Habermas: „Demokratie ist nicht eine Staatsform wie irgendeine andere. [...] Demokratie arbeitet an der Selbstbestimmung der Menschheit, und erst, wenn diese wirklich ist, ist jene wahr. Politische Beteiligung wird dann mit Selbstbestimmung identisch sein" (1961, 15).

Anhänger des deliberativen Demokratiekonzepts wie Ingeborg Maus, Frankfurter Kollegin und Mitstreiterin von Habermas, behaupten nun, auch Immanuel Kant habe in seinen „politischen Schriften" diese Auffassung vertreten, obwohl Kant gemeinhin als Rechtsstaats-, nicht aber als Demokratietheoretiker (und insofern als *Kritiker* Rousseaus) gilt. In ihrem Buch „Zur Aufklärung der Demokratietheorie" hat sie die These vertreten, dass eine *liberale* Interpretation Kants einer systematischen Verzeichnung seiner Philosophie gleichkomme.

Die Frage nach der Einordnung Kants ist dabei nicht nur theoriegeschichtlich, sondern auch ideenpolitisch bedeutsam. Wenn in der Moderne, wie Habermas feststellt, die kulturelle Überlieferung zunehmend „auf Selbstverständigungsdiskurse umgestellt" und die Geschichte zum „Medium der Selbstvergewisserung von Kulturen" (Habermas 1994, 126) wird, dann ist die deutende „Aneignung" bestimmter – „fortschrittlicher" – Elemente dieser Überlieferung immer auch der Versuch, die eigene Kultur in deren Sinne zu beeinflussen – und die eigene Position historisch zu legitimieren.

Ich möchte im folgenden zeigen, dass Kant tatsächlich (a) der *liberalen*, nicht aber der „radikaldemokratischen" Tradition des politischen Denkens zuzurechnen ist und dass sich (b) aus seiner Theorie zudem *Kritikpunkte* am Modell der „deliberativen Demokratie" ergeben, die dessen Widersprüchlichkeit bzw. Inkohärenz erweisen. Rechtsstaatsprinzip und Demokratieprinzip, Menschenrechte und Volkssouveränität sind – anders als es das genannte Modell unterstellt – nicht aufeinander reduzibel.

2.2 Kant, der „Radikaldemokrat" – Die Thesen von Ingeborg Maus

Den Versuch, Kant als ‚aufgeklärten Absolutisten' und ‚preußischen Staatsdenker' zu denunzieren oder ihn als ‚Liberalen' und ‚Rechtsstaatstheoretiker' für eine ‚affirmative Interpretation' der bestehenden bundesrepublikanischen Verfassungsordnung ‚vereinnahmen' zu wollen, unterstellt Ingeborg Maus der gegenwärtigen Kant-Forschung, für die stellvertretend Autoren wie Spaemann, Mandt, Burg, Dreier, Henrich und Koslowski genannt werden können. Wer – wie diese – in dem Königsberger Gelehrten nicht den ‚radikalen Demokraten' sähe, der er tatsächlich gewesen sei, projiziere, so Maus, eigene ‚demokratische Defizite' (sprich ‚obrigkeitsstaatliche Neigungen') in Kants Theorie hinein, die dieser völlig fremd seien (Maus 1992, 17 ff.). Weder könne Kant für die These von der notwendigen Beschränkung des demokratischen Selbstbestimmungsrechts des Volkes durch rechtsstaatliche Prinzipien (wie die Gewaltenteilung) oder einen Katalog subjektiv-öffentlicher Abwehrrechte in Anspruch genommen werden. Noch dürfe die Anerkennung eines Widerstandsrechts im Grundgesetz (Art. 20 IV GG) als ‚Fortschritt' gegenüber Kants in dieser Hinsicht angeblich defizitären – weil ein Widerstandsrecht des Volkes ausschließenden – Theorie angesehen werden (Maus 1992, 41 f.). Wer sich derartiger Argumente bediene, so Maus, der verteidige eine ‚Rumpfform von Demokratie'. Die ‚liberale', in dieser Hinsicht kritische Interpretation der kantischen Philosophie diene letztlich dieser Funktion. Gegen eine solche Vereinnahmung bzw. Kritik müsse Kant jedoch in Schutz genommen werden. Seine

Sozialvertragstheorie sei vielmehr als Theorie der uneingeschränkten Volkssouveränität zu lesen, die nicht auf eine bloße Konstitutionalisierung, sondern eine „Vergesellschaftung von Herrschaft" (9) ziele – und die in Deutschland noch immer ihrer Einlösung harre.

Maus wendet sich mit ihrer ideenhistorischen Rekonstruktion der ‚politischen Theorie' Kants vor allem gegen zwei Tendenzen, die sie in der bundesrepublikanischen Politik ausmacht:
Zum einen gegen die „systemische[n] Verselbständigung und Vernetzung von Entscheidungsprozessen, in denen kaum noch Orte oder Subjekte von Entscheidungen zu identifizieren" (20) seien. Dadurch werde die alleinige Entscheidungskompetenz des Volkes zunehmend ausgehöhlt. Statt zu entscheiden, sei es zum ‚Publikum' degradiert worden, das Entwicklungen allenfalls noch kommentieren, nicht jedoch mehr steuern könne: „Auch wo ihm bürgerlicher Ungehorsam und symbolischer Widerstand konzediert wird, handelt es sich um Aktionsformen, die lediglich als nachträgliche und höchst situative Reaktionen auf den Output systemischer Prozesse in Betracht kommen, während diese Prozesse selbst ausschließlich ihren immanenten Anschlußzwängen folgen und sich jeder demokratischen Direktive entziehen" (21).[30] Dagegen sei, so Maus, das Prinzip der Volkssouveränität – unter Rückgriff auf „Kants Demokratietheorie" (17, 22, 25 u. ö.) – neu zu beleben und gegen Verselbstständigungstendenzen dieser Art in Anschlag zu bringen.

Zum anderen wendet sich Maus gegen Tendenzen einer ‚Refeudalisierung des Rechts' durch die Spruchpraxis des Bundesverfassungsgerichts, das Entscheidungen des demokratisch legitimierten Gesetzgebers unter Verweis auf höherrangiges Recht außer Kraft setze. Eine solche ‚expertokratische Handhabung von Gerechtigkeitsmaßstäben' und deren ‚Vorordnung gegenüber der empirisch-demokratischen Konsensermittlung' sei demokratietheoretisch nicht zu legitimieren (9; vgl. 32 ff., 60, 173 f.).

---

[30] Die neuen sozialen Bewegungen würden mit ihrem Rückgriff auf das Widerstandsrecht bzw. den zivilen Ungehorsam nur zur Restauration vormoderner Rechtsinstitute beitragen; Maus 1992, 35, 37.

Im folgenden soll aufgewiesen werden, dass (a) Kants „politische Theorie" (8, 41 u. ö.) – die bei Kant, darauf sei erneut ausdrücklich hingewiesen, nicht unter diesem, sondern unter dem System-Titel „Metaphysische Anfangsgründe der Rechtslehre", mithin als *Rechtsphilosophie* entwickelt wird – keineswegs in radikaldemokratischer Manier interpretiert werden kann, und dass (b) die bestehende Spannung zwischen Demokratieprinzip und Rechtsstaatsprinzip bzw. von Menschenrechten und Volkssouveränität nicht in der Weise gelöst werden kann, wie es Maus – und die deliberative Demokratietheorie insgesamt – vorschlägt.

2.3 Rechtsordnung als Freiheitsordnung: Die (Staats-) Rechtsphilosophie Immanuel Kants

Kant konzipiert seine Rechtsphilosophie als Teil einer „Wissenschaft von den reinen Prinzipien des Handelns", die er 1797 unter dem Titel „Metaphysik des Sitten" publizierte. Darin – soviel ist richtig – nimmt er konsequent Abschied von jedweder teleologischen Naturrechtstheorie und theologisch begründeten Pflichtenlehre, wie sie in der philosophischen Tradition seiner Zeit in verschiedenen Varianten überliefert war. Stattdessen sucht er eine Neufundierung von Recht und Moral in der reinen praktischen Vernunft. Der „Erkenntnisgrund" der menschlichen Freiheit, das „moralische Gesetz", wird für ihn dabei zum Ausgangspunkt aller praktischen Philosophie. Es lautet in der Form eines kategorischen Imperativs: „Handle so, dass die Maxime deines Willens jederzeit zugleich als Prinzip einer allgemeinen Gesetzgebung gelten könne" (*KprV*; W, IV, 140).

Diesem pflichtentheoretischen Erkenntnisprinzip für das moralische Handeln stellt Kant ein allgemeines Rechtsprinzip zur Seite, das strukturanalog entwickelt ist (vgl. Kap. 1.2): „Handle äußerlich so, daß der freie Gebrauch deiner Willkür mit der Freiheit von jedermann nach einem allgemeinen Gesetz zusammen bestehen könne" (*MdS*; W, IV, 338). Während sich der kategorische Imperativ auf die inneren Bestimmungsgründe des Handelns richtet, hebt das allgemeine Prinzip des Rechts (*MdS*; W, IV, 337) allein auf die Gesetzeskonformität der äußeren Handlungen ab.

Das klingt rein formal und „prozeduralistisch", was es soweit sicher auch ist. Doch Kant bleibt hierbei nicht stehen. Im vorliegenden Kontext ist es wichtig zu sehen, dass er trotz der Eliminierung aller *materialen* Gehalte aus dem *Grundgesetz* der reinen praktischen Vernunft in der „Metaphysik der Sitten" eine umfassende Rechtslehre entwickelt. Sie ergibt sich für ihn aus der Vermittlung des reinen praktischen Vernunftgesetzes mit dem empirischen Begriff vom Menschen – mithin durch Hinzuziehung allgemeiner anthropologischer und soziologischer Sachverhalte. Auf diese Weise entsteht eine „Privatrechtslehre" (im „natürlichen Zustand"), die nach Kant die Grundprinzipien einer jeden vernünftigen staatlichen Rechtsordnung enthält (vgl. Kap. 1.2 – 1.3). Aus ihrem Deduktionszusammenhang ist zu schließen, dass nur eine staatliche Rechtsordnung, die diesen Bestimmungen entspricht, mit der menschlichen Vernunft und Freiheit kompatibel ist.[31] Das aber bedeutet: Auch ein *demokratischer* Gesetzgeber wäre an sie gebunden und dürfte nicht gegen sie verstoßen. Maus behauptet dagegen, dass der „empirische [!] Charakter gesetzgeberischer Konsensermittlung [der] Kern der apriorischen Rechtsidee Kants" sei. Sein „demokratische[r] Gesetzespositivismus" [!] binde die Richtigkeit der Rechtsnormen an die Faktizität ihrer demokratischen Erzeugung (Maus 1992, 88, 170 und öfter). Doch bei Kant heißt es unmissverständlich: „Der Gebietende (imperans) durch ein Gesetz ist der Gesetzgeber (legislator). Er ist Urheber (autor) der Verbindlichkeit nach dem Gesetze, aber nicht immer Urheber des Gesetzes. Im letzteren Fall würde das Gesetz positiv (zufällig) und willkürlich sein" (vgl. *MdS*; W, IV, 334).

Kant leitet unter anderem die folgenden materiellen vernunftrechtlichen Prinzipien ab: die Würde des Menschen als eines vernunftbegabten freien Wesens; das Gleichheitsprinzip; ferner das Recht auf Eigentum, Ehe und Familie. Darüber hinaus stehen

---

[31] „Ein Staat (civitas) ist die Vereinigung einer Menge von Menschen unter Rechtsgesetzen. So fern diese als Gesetze a priori notwendig, d. i. aus Begriffen des äußeren Rechts überhaupt von selbst folgend (nicht statutarisch) sind, ist seine Form die Form eines Staates überhaupt, d. i. der Staat in der Idee, wie er nach reinen Rechtsprinzipien sein soll, welche jeder wirklichen Vereinigung zu einem gemeinen Wesen (also im Inneren) zur Richtschnur (norma) dient"; *MdS*; W, IV, 431.

dem Bürger im Staat das Recht auf Staatsbürgerschaft, Auswanderung, eine geordnete und unparteiische Rechtsprechung, eine freie Presse sowie – bei Zuwiderhandlungen – zwar kein Recht auf (aktiven) Widerstand, wohl aber das Recht der Beschwerde und Petition zu.

Das Prinzip der „Volkssouveränität" bzw. die „Staatsform der Demokratie" taucht in diesem Zusammenhang – der theoretischen Ableitung vernunftrechtlicher Prinzipien in der „*Metaphysik der Sitten*" – überhaupt nicht auf. Kant ist, so wird bereits hier erkennbar, Theoretiker des Rechtsstaats, genauer des „Vernunftrechtsstaats", nicht der Demokratie. Er verteidigt *überpositive* Normen; und er hält die Frage der konkreten Staatsform („forma imperii") – Monarchie („Autokratie"), Aristokratie oder Demokratie – für *sekundär* (*ZeF*; W, VI, 206). Das zeigen Inhalt, Aufbau und Methode seiner rechtsphilosophischen Hauptschrift.

Deliberative Demokratietheoretiker wie Ingeborg Maus übersehen nicht nur diese Bestimmungen, die sich dem Demokratieprinzip eben nicht beugen. Sie verzeichnen darüber hinaus den Sinn von Kants Ausführungen 1. zum Gesellschaftsvertrag, 2. zum Widerstandsrecht und 3. zur Demokratie:

Ad 1) Nach Maus enthält der Gesellschaftsvertrag bei Kant „nichts anderes als das Organisationsprinzip der Demokratie selbst" (Maus 1992, 52). Der Vertrag gewährleistet, so Maus, „eine Form der Freiheitssicherung, die nur in einer wahrhaft radikaldemokratischen Organisation der Gesetzgebung, in der tatsächlich der Wille aller präsent ist, eingelöst werden kann" (55).

Tatsächlich aber ist bei Kant der Gesellschaftsvertrag keineswegs mit der Staatsform der Demokratie verbunden. Er ist bei ihm *Urteilsmaßstab*, nicht staatsrechtliches – basisdemokratisches – Organisationsprinzip oder gar Verfahren diskursiver Wahrheitsermittlung. Als Urteilsmaßstab dient er lediglich zur Entscheidung der Frage, ob die Gesetze eines Landes einfachsten rechtsstaatlichen Prinzipien genügen, nämlich so beschaffen sind, dass allen Bürgern die Zustimmung angesonnen werden kann. Oder wie es Kant formuliert: „was das gesamte Volk nicht über sich selbst beschließen kann, das kann auch der Gesetzgeber nicht über das Volk beschließen" (*MdS*; W, IV, 448) – wobei immer zu ergänzen ist, dass der Zuständigkeitsbereich öffentlicher Gesetzgebung von vorneherein durch das vorgeschaltete „natürliche Privatrecht" (vgl. Kap. 1) definiert, also beschränkt ist (*MdS*; W, IV, 424; vgl. Brandt 1993, 40). Jeder Gesetzgeber – unabhängig davon, wer dies in einem historisch-konkreten Staat nun ist – sei verpflichtet, die Gesetze so zu erlassen, „als [ob] sie aus dem vereinigten Willen eines ganzen Volks haben entspringen *können*, und jeden Untertan, so fern er Bürger sein will, so anzusehen, als ob er zu einem solchen Willen mit zusammen gestimmet habe. Denn das ist der Probierstein der Rechtmäßigkeit eines jeden öffentlichen Gesetzes" (*Gemeinspruch*; W, VI, 153).[32] Diese Aussage findet sich in Kants Schriften immer wieder: „Der Probierstein alles dessen, was über ein Volk als Gesetz beschlossen werden kann, liegt in der Frage: ob ein Volk sich selbst wohl ein solches Gesetz auferlegen könnte?" (*Aufklärung*; W, VI, 58 f.); „Freiheit [...] ist die Befugnis, keinen äußeren Gesetzen zu gehorchen, als zu denen ich meine Beistimmung habe geben können" (*ZeF*; W, VI, 204); und in einer Reflexion aus Kants handschriftlichem Nachlass heißt es: „Der Contractus originarius ist nicht das Prinzip der Erklärung des Ursprungs des status civilis, sondern wie er seyn soll" (Reflexion 7740; AA, XIX, 504).

Der darin implizierte Test der Universalisierbarkeit von Handlungsnormen besagt aber nicht, dass er allein durch die *tatsächliche* Befragung aller Betroffenen erfolgen könnte. Kant hält im Gegenteil ein solches Verfahren weder für möglich[33], noch für

---

[32] Vgl. Luf 1978, 59: „Unter dem ‚Gesamtwillen des Volkes' ist hier [sc. bei Kant] nicht die bloße Summierung partikulärer Einzelwillen zu verstehen, die, von objektiven Maßstäben unabhängig, empirisch-faktischen Konsens herstellten. Es handelt sich vielmehr um einen transzendentalen Begriff, der den Objektivitätsanspruch ausdrückt, im Rahmen der konkreten Gegebenheiten dem Prinzip autonomer Subjektivität Geltung zu verschaffen und diesem widersprechende Gestaltungsformen zurückzuweisen".

[33] Bei Flächenstaaten mache die Größe des Territoriums Volksversammlungen unmöglich, die mangelnde Urteilskraft der Bürger verhindere das Verständnis der zu regelnden Materien und nach einer (demokratischen) Revolution würden, so Kant, „neue Vorurteile [...], eben sowohl als die alten, zum Leitbande des gedankenlosen großen Haufens dienen"; *Aufklärung*; W, VI, 55. Vgl. Höffe 2004, 230: „Die Grundsätze, auf die alle Gesetze verpflichtet sind, stehen unter dem Prinzip der universalen Konsensfähigkeit. Freilich kann die Übereinstimmung mit dem allgemeinen Willen durch keinen empirisch-faktischen Diskurs garantiert werden. Denn jedem konkreten Einigungsprozess droht die Gefahr, durch

erforderlich (man beachte das „könnte", „habe" und „als ob" in den obigen Zitaten). Der Vertrag ist für ihn *hypothetischer* Vertrag und als solcher rein *ideeller* Prüfmaßstab oder „Richtschnur" (Reflexion 7738; AA, XIX, 504), ein „Gedankenexperiment" (Kersting 2004a, 102). Mit seiner Hilfe können Einzelfall- und Maßnahmegesetze, rückwirkende Gesetze, Gesetze, die Vorrechte schaffen (Adelsprivileg), die Teile des Volkes einseitig belasten (Leibeigenschaft, Erbuntertänigkeit, Sklaverei) oder benachteiligen, d. h. nach Glaube, Rasse oder Geschlecht diskriminieren (Höffe 2004, 230) und damit Freiheiten ungleich verteilen (Kersting 2004, 118), als „ungerecht" qualifiziert werden (*Gemeinspruch*; W, VI, 153) – unabhängig davon, wer sie erlassen hat. Der Gesellschaftsvertrag ist nichts anderes als die Vernunftidee des Rechtsstaates selbst, in dem streng *allgemeine* Gesetze gelten, die die Momente der Freiheit, Gleichheit und Wechselseitigkeit erfüllen (Höffe 2004, 227–229). Es bedarf nach Kant zur Verwirklichung dieser Gerechtigkeit keiner tatsächlichen Gesetzgebung durch das gesamte „empirische" Volk[34] – zumal in Demokratien ungerechte Gesetze nicht per se auszuschließen sind. Deshalb müsste auch hier der Prüfmaßstab „Sozialvertrag" kritisch zur Anwendung kommen, wenn etwa in direktdemokratischen Verfahren Gesetze (durch eine *Mehrheit*) verabschiedet würden.

Ad 2) Ein Widerstandsrecht gegen „ungerechte" Gesetze gibt es nach Kant allerdings nicht. Soweit ist Maus zuzustimmen. Die Begründung ist aber eine andere als die, die sie anführt: Nicht weil Kant eine *identitäre* Demokratie anstrebte, lehnte er das Widerstandsrecht ab, sondern weil ein solches Recht den *Staat* als den einzigen Garanten des Rechtsfriedens und der Rechtsordnung

---

Faktoren wie Selbsttäuschung über Eigeninteressen, Irrtümer über Tatbestände, voreiliges Urteilen und emotional Barrieren, durch strukturelle Vorurteile, ideologische Befangenheit und versteckte Gewalt, schließlich auch durch Lüge und Betrug verzerrt zu sein."

[34] „[I]st es aber *nur möglich*, daß ein Volk dazu zusammen stimme, so ist es Pflicht, das Gesetz für gerecht zu halten: gesetzt auch, daß das Volk itzt in einer solchen Lage, oder Stimmung seiner Denkungsart wäre, daß es, wenn es darum befragt würde, wahrscheinlicherweise seine Beistimmung verweigern würde" – als Beispiel nennt Kant Kriegssteuern, die das Volk möglicherweise ablehnt, weil es den Krieg für unnötig hält, der aber doch unvermeidlich sein könne; *Gemeinspruch*; W, VI, 153 f.

zerstören würde. Während in der Anarchie des „Naturzustandes", der ein „Zustand der Rechtlosigkeit" (*MdS*; W, IV, 430) sei, die Freiheit des Menschen nicht gesichert werden könne, berge, so Kant, ein bestehendes Staatswesen doch zumindest grundsätzlich die Anlage einer vernünftigen Rechtsordnung in sich. Deshalb sei „irgend eine *rechtliche*, obzwar nur in geringem Grade rechtmäßige, Verfassung besser [...] als gar keine" (*ZeF*; W, VI, 234 Anm.). Diese weiterzuentwickeln und dafür zeitweise auch Ungerechtigkeiten in Kauf zu nehmen, hält Kant für allemal vernünftiger, als den Keim einer vernunftgemäßen Rechts- und Verfassungsordnung durch Widerstandshandlungen zu zerstören. Bewusst setzt er das *Recht auf Herrschaft* – bei Kant formuliert als allgemeine Verpflichtung, den anarchischen „Naturzustand" zu verlassen und eine staatliche Ordnung zu errichten (*MdS*; W, IV, 437 ff.) – dem etwa von Locke oder Achenwall formulierten *Recht auf Widerstand* entgegen (*Gemeinspruch*; W, IV, 156 ff.). Der Erhalt des Gemeinwesens ist für ihn das oberste Gebot. Ein Staat, der den Vernunftgesetzen nicht entspricht, mithin nicht (Vernunft-) Rechtsstaat ist, ist nach Kant zwar immer nur als Provisorium anzusehen, das es fortzubilden gelte. Seine Ver-Rechtlichung dürfe aber allein mit friedlichen Mitteln, über den Weg der Reform,[35] erfolgen. Dieser *evolutionäre* Prozess wird von Kant der Geschichte überantwortet (vgl. etwa *Idee*; W, VI, 39 ff.). Keineswegs erwartet er dagegen die Verwirklichung des Vernunftrechtsstaates von einer Basisdemokratie. Eine solche Staatsform schließt Kant sogar explizit aus, ist doch

Ad 3) die Staatsform der unmittelbaren Volksherrschaft für ihn eine „Unform", weil sie keine Gewaltenteilung kennt. Denn hier wäre das Volk Gesetzgeber und Gesetzesvollstrecker in einem, d. h. Urheber der *allgemeinen* Regel und Anwender auf den *Einzelfall* (Maier 1985, 192–195). Dies mache die (reine) Demokratie zu einem „Despotism", „weil sie eine exekutive Gewalt gründet, da alle über und allenfalls auch wider Einen (der also

---

[35] Kant erwartete alle politischen Verbesserungen von „Reformen" durch die „Obrigkeit" (*MdS*; W, IV, 498); dem Volk gestand er nur die „Freiheit der Feder" zu. Durch öffentliche Kritik sollte die „Obrigkeit" zu Verbesserungen im Staate angehalten werden: die „Freiheit der Feder [ist] das einzige Palladium der Volksrechte"; *Gemeinspruch*; W, IV, 161.

nicht mit einstimmt), mithin alle, die doch nicht alle sind, beschließen; welches ein Widerspruch des allgemeinen Willens mit sich selbst und mit der Freiheit ist" (*ZeF*; W, VI, 207). Schon aufgrund ihrer Konstruktion bestehe die Gefahr der Freiheitsbedrohung durch willkürliche Maßnahmegesetze oder einer „Tyrannei der Mehrheit": „Der despotism hängt nicht bloß an der monarchie (sondern auch an einem Theil des Volks mit Unterdrückung des andern)" (Reflexion 7774; AA, XIX, 512). Deshalb kann nur ein Staat, der seine Gesetze auf solche Art erlässt, „wie ein Volk mit reifer Vernunft sie sich selbst vorschreiben *würde*" (*SdF*; W, VI, 365; Hervorhebung hinzugefügt), *und* der die Gewalten – insbesondere allgemeine und konkrete Normsetzung – *trennt* (*ZeF*; W, VI, 206; *MdS* §§ 49, 51; AA, XXIII, 342), d. h. *beiden* formalen Grundprinzipien des „vernünftigen Staatsrechts" genügt, legitim genannt werden. Statt in der reinen oder „radikalen Demokratie" sieht Kant die beste Staatsverfassung daher in der *repräsentativen* Demokratie – von ihm „Republik" genannt,[36] um sie „nicht (wie gemeiniglich geschieht) mit der demokratischen [zu] verwechsele[n]" (ZeF; W, VI, 206) –, weil hier die Selbstbestimmung des Volkes mit einer Teilung der staatlichen Gewalten einhergehen kann.

Fassen wir die bisherigen Befunde zusammen, so zeigt sich: Kant entwickelt eine Reihe unantastbarer Grundrechte (Freiheit, Gleichheit, Eigentum), er fordert die Trennung der staatlichen Gewalten und führt das Prinzip der Generalisierbarkeit von Handlungsnormen als rechtsstaatliches Minimalkriterium für die Legitimität des Gesetzesrechts ein. Diese staatsrechtlichen Normen und Prinzipien sind dabei nicht das Resultat eines deliberativen Prozesses der Selbstgesetzgebung des Volkes, sondern vernunftrechtlich abgeleitet und daher nach Kant auch für einen eventuellen demokratischen Gesetzgeber unantastbar. Daraus folgt: Kant ist der liberalen, nicht der radikaldemokratischen Tradition des politischen Denkens zuzuordnen.

Die deliberative Demokratietheorie ihrerseits kann dagegen wenigstens drei staatsrechtliche Prinzipien nicht überzeugend begründen:

---

[36] Vgl. *MdS*; W, IV, 464; *ZeF*; W, VI, 204 ff.; AA, XXIII, 166, 342.

1. Statt einer Gewaltenteilung neigt sie einem Gewalten-Monismus zu, sieht sie doch eine Vor- bzw. Über-Ordnung der Legislative gegenüber Exekutive und Judikative vor.
2. Ihr gelingt keine kohärente Ableitung von Grundrechten, nicht einmal jener kommunikativen Grundrechte, die sie um ihrer selbst willen voraussetzen muss (Habermas' „System von Rechten"). Entweder sind diese Grundrechte bereits in den prozeduralen Normen, den Kommunikationsbedingungen, enthalten oder sie werden von ihnen vorausgesetzt. Im ersten Fall handelte es sich um keine rein prozedurale Theorie, im zweiten Fall wären die Grundrechte bzw. ihre Basis, die Autonomie des Menschen, nicht rein diskurstheoretisch begründbar. Beide Wege führen zu keinem kohärenten Ergebnis. Kants vernunftrechtliche Grundlegung erscheint dagegen zumindest in sich schlüssig.
3. Die Theorie übersieht das Problem, dass in der Politik unter *Zeitrestriktionen* Entscheidungen getroffen werden müssen, denen am Ende auch eine weiterhin argumentativ-dissentierende Minderheit unterworfen werden muss. Die Anwendung staatlicher Zwangsmittel wäre ihr gegenüber jedoch – nach den eigenen Prämissen – nicht legitim. Mit der deliberativen Demokratietheorie lässt sich folglich keine staatliche Zwangsordnung stringent begründen. Sie hängt ganz der anarchistischen Utopie der institutionslosen Herrschaftsfreiheit (O. Höffe) an.

2.4 Rechtsstaat versus Basisdemokratie

Ich möchte meine Betrachtungen abschließen mit einigen allgemeineren Bemerkungen über das Spannungsverhältnis von Demokratieprinzip und Rechtsstaatsprinzip bzw. von Volkssouveränität und Menschenrechten in demokratischen Verfassungsstaaten – ein Spannungsverhältnis, das nicht in der Form besteht und nicht in der Weise überwunden werden kann, wie es Maus und andere behaupten.

Demokratische Verfassungsstaaten müssen insgesamt mindestens *drei* Pole ausbalancieren, die sich als gleichberechtigte Ansprüche ihrer Mitglieder vorstellen lassen:

A) das Demokratieprinzip, d. h. das Recht auf „politische Selbstbestimmung" bzw. auf politische Teilhabe und Partizipation (wie es etwa im Zentrum der politischen Philosophie von Jean-Jacques Rousseau steht);
B) das Autonomieprinzip, d. h. das Recht auf individuelle Handlungs- und Gestaltungsfreiheit (wie es etwa John Locke formuliert hat);
C) das Rechtsprinzip, d. h. das Recht auf Recht bzw. auf Rechtssicherheit und *effektive* Herrschaft. Dieses Recht auf eine *stabile* Rechtsordnung impliziert eine Dominanz der friedensstiftenden Funktion des Rechts vor seiner „Gerechtigkeitsfunktion" (Hobbes).

Der demokratische Rechts- und Verfassungsstaat bildet die *Schnittmenge* aus den genannten drei Prinzipien. Er sucht die *Synthese* aller *drei* Pole (Kägi 1953), durch

- eine Verfassung, die den politischen Handlungsspielraum prinzipiell einschränkt, aber dennoch verbindliche Entscheidungen ermöglicht,
- das Prinzip des Legalismus,
- die Auswahl der politischen Elite mittels periodisch wiederkehrender allgemeiner, freier, gleicher und geheimer Wahlen zu allen politischen Ämtern und Mandaten im Rahmen einer *repräsentativen* Demokratie,
- die horizontale und gegebenenfalls vertikale Gewaltentrennung und -verschränkung,
- die Mehrheitsregel *und* abwehrende Grundrechte, über deren Gewährleistung eventuell ein Verfassungsgericht wacht etc.

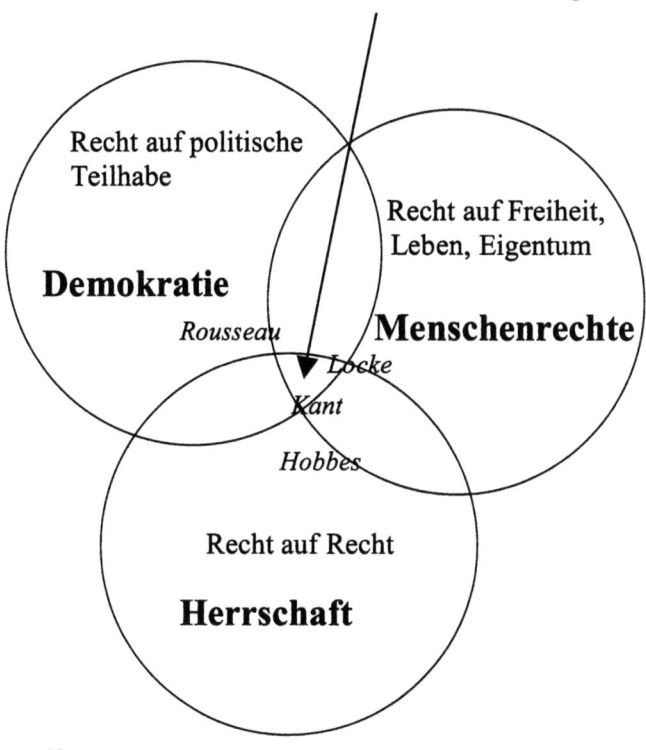

Grafik 1[37]

---

[37] Durch die Anordnung der Autorennamen in der Grafik wird versucht, den jeweiligen Schwerpunkt der Theoriebildung wiederzugeben: Bei Hobbes und Rousseau dominiert eins der genannten Prinzipien, bei Locke und Kant wird dagegen die Notwendigkeit einer Kombination der drei Prinzipien (zumindest ansatzweise) erkannt. Die Schnittmenge von jeweils zwei Kreisen lässt sich stichwortartig so interpretieren: 1. Verbindung von Demokratie- und Menschenrechtsprinzip: Demokratie mit starken Veto-Positionen, etwa als freie Assoziation mit Versammlungsregierung; Einstimmigkeitsregel oder Anerkennung eines Widerstandsrechts führt zum Anarchie-Problem: belastenden Entscheidungen kann man durch Behauptung einer Grundrechtsverletzung entgehen. 2. Menschenrechts- und Staatsprinzip: der aufgeklärte Absolutismus Preußens bzw. die konstitutionelle Monarchie Deutschlands im 19. und frühen 20. Jahrhundert als Prototyp; starke Herrscherposition, schwache Vetopositionen; kein Widerstands-

Historische Erfahrung und (verfassungs-) politische Urteilskraft haben diese Elemente zusammengetragen; sie sind keineswegs das *konstruktivistische* Resultat einer „diskursiv" begründeten souveränen Entscheidung des Volkes.

Ein Recht auf Widerstand oder auf „zivilen Ungehorsam" kann der demokratische Rechts- und Verfassungsstaat nicht anerkennen, denn er ist Staat (Matz 1991); eine basisdemokratische Organisation der Legislative mit unbegrenzten Kompetenzen kann er nicht anerkennen, denn er ist Grundrechte-Staat; aber natürlich kann er auch Verselbstständigungstendenzen einer nationalen oder supranationalen Bürokratie nicht zulassen, denn er ist Demokratie.

Herausforderungen jedoch sind durch Ausbalancieren oder Neu-Justieren zwischen den *drei* (nimmt man das „Sozialstaatsprinzip" hinzu [vgl. Kap. 1], zwischen den *vier*) Polen, nicht aber durch Verabsolutierung eines Pols zu meistern.[38] Diese Einsicht unterscheidet die Vertreter des freiheitlichen Rechts- und Verfassungsstaates – zu deren *Vorläufer* man Kant wohl rechnen darf – von den Theoretikern der „deliberativen Demokratie".

---

recht, eventuell Verwaltungsgerichtsverfahren als Ersatz; politisch stabil, aber: Kontrollproblem. 3. Verbindung von Demokratie- und Staatsprinzip: uneingeschränkte Mehrheitsherrschaft; demokratischer Dezisionismus bzw. Rechtspositivismus; kein Widerstandsrecht; Radbruch-Problem: Gefahr des gesetzlichen Unrechts ohne übergesetzliches Recht.

[38] Ulrich Matz 1978, 40, spricht in diesem Zusammenhang pointiert von der „wertpluralistische[n] Legitimität der *gemischten* Verfassung" (Hervorhebung hinzugefügt). Vgl. auch Hans Maier 2000, 61: Die „moderne Demokratie" ist ein kompliziertes „Compositum vieler Formelemente, und in ihr wirken noch viele andere Einschläge und Bauprinzipien als nur die [...] der Volkssouveränität, der Emanzipation, der Gleichheit und der unmittelbar-egalitären Teilhabe. [...] Sie ist vielmehr ein sehr verletzliches, auch historisch auf Ausgleich, Kompromiß, politische Zwischenlagen angewiesenes Gebilde von geringer natürlicher Lebenserwartung – leicht nach der Seite des Anarchischen oder Diktatorischen umschlagend, stetiger Institutionalisierung bedürftig."

2.5 Literatur zum zweiten Kapitel

Batscha, Zwi (Hrsg.): Materialien zu Kants Rechtsphilosophie. Frankfurt a. M. 1976.
Brandt, Reinhard: Gerechtigkeit bei Kant. In: Jahrbuch für Recht und Ethik 1, 1993, S. 25–44.
– : Radikaldemokratie in Königsberg. Besprechung zu: Ingeborg Maus, Zur Aufklärung der Demokratietheorie. In: Rechtshistorisches Journal 12, 1993 (a), S. 202–209.
Burg, Peter: Kant und die Französische Revolution. Berlin 1974.
Dietze, Gottfried: Kant und der Rechtsstaat. Tübingen 1982.
Dreier, Ralf: Recht – Moral – Ideologie. Frankfurt a. M. 1981.
– : Rechtsbegriff und Rechtsidee. Kants Rechtsbegriff und seine Bedeutung für die gegenwärtige Diskussion. Frankfurt a. M. 1986.
Habermas, Jürgen: Reflexionen über den Begriff der politischen Beteiligung. In: Jürgen Habermas u. a., Student und Politik. Neuwied 1961, S. 13–17.
– : Wahrheitstheorien. In: Helmut Fahrenbach (Hrsg.), Wirklichkeit und Reflexion. Walter Schulz zum 60. Geburtstag. Pfullingen 1973, S. 211–265.
– : Drei normative Modelle der Demokratie: Zum Begriff deliberativer Politik. In: Herfried Münkler (Hrsg.), Die Chancen der Freiheit. Grundprobleme der Demokratie. München/Zürich 1992, S. 11–24.
– : Faktizität und Geltung. Beiträge zur Diskurstheorie des Rechts und des demokratischen Rechtsstaats. Frankfurt a. M. ^{4}1994 (zuerst 1992).
Hain, Karl-Eberhard: Diskurstheorie und Menschenrechte. Eine kritische Bestandsaufnahme. In: Der Staat 40, 2001, S. 193–219.
Herb, Karlfriedrich/Ludwig, Bernd: Kants kritisches Staatsrecht. In: Jahrbuch für Recht und Ethik 2, 1994, S. 431–478.
Herold, Norbert: Gehorsam und „zugleich ein Geist der Freiheit". Zur Aktualität der Kantischen Lehre vom ursprünglichen Vertrag als einer bloßen „Idee der Vernunft, die aber ihre unzweifelhafte (praktische) Realität hat". In: Lothar R. Waas (Hrsg.), Politik, Moral und Religion – Gegensätze und Ergänzungen. Festschrift zum 65. Geburtstag von Karl Graf Ballestrem. Berlin 2004, S. 303–322.
Höffe, Otfried: Eine republikanische Vernunft. Zur Kritik des Solipsismus-Vorwurfs. In: Gerhard Schönrich/Yasushi Kato (Hrsg.), Kant in der Diskussion der Moderne. Frankfurt a. M. 1996, S. 396–407.
– : Immanuel Kant. München ^{6}2004.
Johnson, Nevil: Politische Führung und Verantwortung in der Demokratie. In: Hans Maier/Ulrich Matz/Kurt Sontheimer/Paul-Ludwig Weinacht (Hrsg.), Politik, Philosophie, Praxis. Festschrift für Wilhelm Hennis zum 65. Geburtstag. Stuttgart 1988, S. 386–396.
Kägi, Werner: Rechtsstaat und Demokratie. Antinomie und Synthese (1953). In: Ulrich Matz (Hrsg.), Grundprobleme der Demokratie. Darmstadt 1973, S. 107–146.
Kant, Immanuel: Werke in 6 Bänden. Hrsg. von Wilhelm Weischedel. Darmstadt 1956–1964 (^{4}1975).

– : Gesammelte Schriften. Hrsg. von der Preußischen/Deutschen (Bd. XXIII)/ Göttinger (seit Bd. XXIV) Akademie der Wissenschaften. Berlin 1900 ff.
Kaulbach, Friedrich: Studien zur späten Rechtsphilosophie Kants und ihrer transzendentalen Methode. Würzburg 1982.
Keller, Bertram: Im Taumel der Freiheit: Demokratie und Repräsentation bei Jürgen Habermas. In: Der Staat 39, 2000, S. 185–207.
Kersting, Wolfgang: Wohlgeordnete Freiheit. Immanuel Kants Rechts- und Staatsphilosophie. Berlin/New York 1984 (2. Auflage Frankfurt a. M. 1993).
– : Die Politische Philosophie des Gesellschaftsvertrags. Darmstadt 1994.
– : Kant über Recht. Paderborn 2004.
– : „Die bürgerliche Verfassung in jedem Staate soll republikanisch sein". In: Otfried Höffe (Hrsg.), Immanuel Kant, Zum ewigen Frieden. Berlin 2004 (a), S. 87–108.
Kielmansegg, Peter Graf: Volkssouveränität. Eine Untersuchung der Bedingungen demokratischer Legitimität. Stuttgart 1977.
– : Das Experiment der Freiheit. Zur gegenwärtigen Lage des demokratischen Verfassungsstaates. Stuttgart 1988.
– : Das Verfassungsparadox. Bemerkungen zum Spannungsverhältnis zwischen Demokratieprinzip und Verfassungsprinzip. In: Hans Maier/Ulrich Matz/Kurt Sontheimer/Paul-Ludwig Weinacht (Hrsg.), Politik, Philosophie, Praxis. Festschrift für Wilhelm Hennis zum 65. Geburtstag. Stuttgart 1988 (a), S. 397–411.
Koslowski, Peter: Staat und Gesellschaft bei Kant. Tübingen 1985.
Kriele, Martin: Einführung in die Staatslehre. Die geschichtlichen Legitimitätsgrundlagen des demokratischen Verfassungsstaates. Opladen ²1981.
Kühl, Kristian: Naturrecht und positives Recht in Kants Rechtsphilosophie. In: Archiv für Rechts- und Sozialphilosophie, Beiheft 37 („Rechtspositivismus und Wertbezug des Rechts", hrsg. v. Ralf Dreier). Stuttgart 1990, S. 75–93.
Langer, Claudia: Reform nach Prinzipien. Untersuchungen zur politischen Theorie Immanuel Kants. Stuttgart 1986.
Ludwig, Bernd: Kommentar zum Staatsrecht II. In: Otfried Höffe (Hrsg.), Immanuel Kant, Metaphysische Anfangsgründe der Rechtslehre. Berlin 1999, S. 173–194.
Luf, Gerhard: Freiheit und Gleichheit. Die Aktualität im politischen Denken Kants. Wien/New York 1978.
Maier, Hans: Politische Wissenschaft in Deutschland. Lehre und Wirkung. München/Zürich 1985.
– : Reflexion auf die existierende Demokratie. In: Joseph Ratzinger/Hans Maier, Demokratie in der Kirche. Möglichkeiten und Grenzen. Limburg/Kevelaer 2000, 61–68 (zuerst 1970).
Mandt, Hella: Historisch-politische Traditionselemente im politischen Denken Kants. In: Zwi Batscha (Hrsg.), Materialien zu Kants Rechtsphilosophie. Frankfurt a. M. 1976, S. 292–330.
Matz, Ulrich: Politik und Gewalt. Zur Theorie des demokratischen Verfassungsstaates und der Revolution. Freiburg/München 1975.
– : Zur Legitimität der westlichen Demokratie. In: Peter Graf Kielmansegg/Ulrich Matz (Hrsg.), Die Rechtfertigung politischer Herrschaft. Doktrinen und Verfahren in Ost und West. Freiburg/München 1978, S. 27–58.

– : Was ist das Wesentliche an der Demokratie? Ein neuer Konflikt um das Demokratieverständnis. In: Günter Baadte/Anton Rauscher (Hrsg.), Christen und Demokratie. Graz/Wien/Köln 1991, S. 107–124.

Maus, Ingeborg: Zur Aufklärung der Demokratietheorie. Rechts- und demokratietheoretische Überlegungen im Anschluß an Kant. Frankfurt a. M.: Suhrkamp 1992.

– : Die Bedeutung nationalstaatlicher Grenzen. Oder: Die Transformation des Territorialstaates zur Demokratie. In: Blätter für deutsche und internationale Politik 3/2001, S. 313–323.

Scheyli, Martin: Politische Öffentlichkeit und deliberative Demokratie nach Habermas. Institutionelle Gestaltung durch direktdemokratische Beteiligungsformen? Baden-Baden 2000.

Schmidt, Manfred G.: Demokratietheorien. Opladen ³2000.

Spaemann, Robert: Kants Kritik des Widerstandsrechts. In: Zwi Batscha (Hrsg.), Materialien zu Kants Rechtsphilosophie. Frankfurt a. M. 1976, S. 347–358.

Thiele, Ulrich: Repräsentation und Autonomieprinzip. Kants Demokratiekritik und ihre Hintergründe. Berlin 2003.

Vollrath, Ernst: Wissenschaftliche Huddelei als ‚Aufklärung'? Besprechung von: Ingeborg Maus, Zur Aufklärung der Demokratietheorie. In: Politische Vierteljahresschrift 34, 1993, S. 304–305.

Welzel, Hans: Naturrecht und materiale Gerechtigkeit. Göttingen ⁴1962.

Anhang

Abkürzungsverzeichnis der Schriften Kants

AA	Akademie Ausgabe der Gesammelten Schriften Kants
Aufklärung	Beantwortung der Frage: Was ist Aufklärung?
Gemeinspruch	Über den Gemeinspruch: Das mag in der Theorie richtig sein, taugt aber nicht für die Praxis
GMS	Grundlegung zur Metaphysik der Sitten
Idee	Idee zu einer allgemeinen Geschichte in weltbürgerlicher Absicht
KprV	Kritik der praktischen Vernunft
KrV	Kritik der reinen Vernunft
KU	Kritik der Urteilskraft
MARL	Metaphysische Anfangsgründe der Rechtslehre (= *MdS*; W, IV, 307–499)
MATL	Metaphysische Anfangsgründe der Tugendlehre (= *MdS*; W, IV, 501–634)
MdS	Metaphysik der Sitten
SdF	Streit der Fakultäten
W	Weischedel-Ausgabe der Werke Kants
ZeF	Zum ewigen Frieden

PD Dr. Dr. Manfred Brocker
Geb. am 15. September 1959 in Krefeld

1978	Abitur in Krefeld
1979–86	Studium der Philosophie, Deutschen und Romanischen Philologie (Spanisch) an der RWTH Aachen und der Universität zu Köln (M.A.)
1988–89	Visiting Student for Purposes of Study, Nuffield College, Oxford
1990	Promotion in Philosophie (Dr. phil.)
1991	Auszeichnung der Dissertation mit dem Preis der Universität zu Köln
1982–92	Zweitstudium der Politischen Wissenschaft, Volkswirtschaftslehre und Soziologie an der Universität zu Köln (Dipl. Volksw. soz.wiss. R.)
1993	Promotion in Politischer Wissenschaft (Dr. rer. pol.)
1994	Lehrbeauftragter für Politische Philosophie (Seminar für Philosophie der Universität zu Köln)
1994–95	Wissenschaftlicher Mitarbeiter am Forschungsinstitut für Politische Wissenschaft und Europäische Fragen der Universität zu Köln
1997–98	Visiting Fellow am Department of Political Science der Yale University, New Haven, Ct, USA
1995–2002	Wissenschaftlicher Assistent am Seminar für Politische Wissenschaft der Universität zu Köln
2002	Habilitation (Politische Wissenschaft), Wirtschafts- und Sozialwissenschaftliche Fakultät der Universität zu Köln
2002–03	Fellow am Forschungsinstitut für Philosophie, Hannover
2003	Vertretung des Lehrstuhls für Politische Wissenschaft III an der Universität Mannheim
2003–04	Vertretung des Lehrstuhls für Politische Theorie und Philosophie am Geschwister-Scholl-Institut der Universität München
2004–05	Otto von Freising-Gastprofessor, Katholische Universität Eichstätt-Ingolstadt

Ausgewählte Veröffentlichungen

Kants Besitzlehre. Zur Problematik einer transzendentalphilosophischen Eigentumslehre. Würzburg: Königshausen & Neumann 1987.

Wahlrecht und Demokratie in der Politischen Philosophie John Lockes. In: Zeitschrift für Politik 38/1, 1991, S. 46–63.

Arbeit und Eigentum. Der Paradigmenwechsel in der neuzeitlichen Eigentumstheorie. Darmstadt: Wissenschaftliche Buchgesellschaft 1992.

Die Grundlegung des liberalen Verfassungsstaates. Von den Levellern zu John Locke. Freiburg / München: Alber 1995.

Max Webers Erklärungsansatz für die Entstehung des Kapitalismus. Thesen und Kritik. In: Zeitschrift für Geschichtswissenschaft 43/6, 1995, S. 495–514.

(Hrsg., zus. mit Heino H. Nau): Ethnozentrismus. Möglichkeiten und Grenzen des interkulturellen Dialogs. Darmstadt: Wissenschaftliche Buchgesellschaft 1997.

Von der Verachtung der Arbeit in der Antike zur Produktionseuphorie der Moderne – Aspekte eines Wertewandels. In: Zeitschrift für Politik 45/2, 1998, S. 135–158.

(Mitherausgeber): Säkularisierung und Resakralisierung in westlichen Gesellschaften: Ideengeschichtliche und theoretische Perspektiven. Wiesbaden: Westdeutscher Verlag 2001.

Politisierte Religion: Die Herausforderung des Fundamentalismus in vergleichender Perspektive. In: Zeitschrift für Politikwissenschaft 13/1, 2003, S. 23–52.

(Mitherausgeber): Religion – Staat – Politik. Zur Rolle der Religion in der nationalen und internationalen Politik. Wiesbaden: Westdeutscher Verlag 2003.

Zivilreligion – missionarisches Sendungsbewusstsein – christlicher Fundamentalismus? Religiöse Motivlagen in der (Außen-) Politik George W. Bushs. In: Zeitschrift für Politik 50/2, 2003, S. 119–143.

Die Christliche Rechte in den USA. In: Michael Minkenberg / Ulrich Willems (Hrsg.), Politik und Religion. Politische Vierteljahresschrift (PVS), Sonderheft 33, Wiesbaden 2003, S. 256–278.

Protest – Anpassung – Etablierung. Die Christliche Rechte im politischen System der USA. Frankfurt a. M. / New York: Campus 2004.

Ein „Kampf der Kulturen"? Protestantischer Fundamentalismus und politischer Liberalismus in den USA. In: Lothar R. Waas (Hrsg.), Politik, Moral und Religion – Gegensätze und Ergänzungen. Festschrift zum 65. Geburtstag von Karl Graf Ballestrem. Berlin: Duncker & Humblot 2004, S. 129–151.

Civil Religion, Fundamentalism, and the Politics and Policies of George W. Bush. In: Journal of Political Science 32, 2004, S. 95–124.

(Hrsg., zus. mit Mathias Hildebrandt): Unfriedliche Religionen? Das politische Gewalt- und Konfliktpotenzial von Religionen. Wiesbaden: VS Verlag für Sozialwissenschaften 2005.

(Zus. mit Clyde Wilcox): Die Christliche Rechte und die Präsidentschaftswahl von 2004. In: Torsten Oppelland (Hrsg.), Die USA im Wahljahr 2004. Trier: Wissenschaftlicher Verlag, Atlantische Texte, 2005, S. 161–180.

(Hrsg.): "God bless America" – Politik und Religion in den USA. Darmstadt: Wissenschaftliche Buchgesellschaft 2005.

Die verfassungsrechtliche Dimension: Religionsfreiheit und das Verhältnis von Kirche und Staat. In: Manfred Brocker (Hrsg.), "God bless America" – Politik und Religion in den USA. Darmstadt: Wissenschaftliche Buchgesellschaft 2005, S. 50–67.

Europäische Missverständnisse über die öffentliche Präsenz von Religion in den USA. In: Gerhard Besier/Hermann Lübbe (Hrsg.), Politische Religion und Religionspolitik zwischen Totalitarismus und Bürgerfreiheit. Göttingen: Vandenhoeck & Ruprecht 2005, S. 145–166.

Vorbild USA? Das amerikanische System der Trennung von Kirche und Staat und seine Defizite. In: Historisch-politische Mitteilungen 12, 2005, S. 289-302.

(Hrsg.): Geschichte des politischen Denkens. Ausgewählte Werkanalysen. Frankfurt a. M.: Suhrkamp 2006.

Otto von Freising-Vorlesungen

Bd. 1: **Wilhelm G. Grewe:**
Das geteilte Deutschland in der
Weltpolitik
1990. 64 S., DM 18,-
ISBN 3- 486-55854-4

Bd. 2: **Berndt von Staden:**
Der Helsinki-Prozeß
1990. 66 S., DM 18,-
ISBN 3-486-55855-2

Bd. 3: **Hans Buchheim:**
Politik und Ethik
1991. 30 S., DM 18,-
ISBN 3-486-55921-4

Bd. 4: **Dmitrij Zlepko:**
Die ukrainische katholische Kirche
– Orthodoxer Herkunft, römischer
Zugehörigkeit
1992. 62 S., DM 18,-
ISBN 3-486-55940-0

Bd. 5: **Roland Girtler:**
Würde und Sprache in der Lebenswelt der Vaganten und Ganoven
1992. 44 S., DM 18,-
ISBN 3-486-55956-7

Bd. 6: **Magnus Mörner:**
Lateinamerika im internationalen
Kontext
1995. VI, 36 S., DM 18,-
ISBN 3-486-56009-3

Bd. 7: Probleme der internationalen
Gerechtigkeit
Herausgegeben von **Karl Graf
Ballestrem** und **Bernhard Sutor**
1993. 100 S., DM 28,-
ISBN 3-486-56010-7

Bd. 8: **Karl Martin Bolte:**
Wertwandel. Lebensführung. Arbeitswelt
1993. 69 S., DM 18,-
ISBN 3-486-56025-5

Bd. 9: **František Šmahel:**
Zur politischen Präsentation und
Allegorie im 14.und 15. Jahrhundert
1994. 75 S., DM 18,-
ISBN 3-486-56077-8

Bd. 10: **Odilo Engels:**
Das Ende des jüngeren Stammesherzogtums
1998. Ca. 60 S., ca. DM 18,-
ISBN 3-486-56011-5

Bd. 11: **Hans-Georg Wieck:**
Demokratie und Geheimdienste
1995. 50 S., DM 18,-
ISBN 3-486-56117-0

Bd. 12: **Franz-Xaver Kaufmann:**
Modernisierungsschübe, Familie
und Sozialstaat
1996. 57 S., DM 18,-
ISBN 3-486-56242-8

Bd. 13: **Wolfgang Brückner:**
„Arbeit macht frei". Herkunft und
Hintergrund der KZ- Devise
1998. Ca. 60 S., ca. DM 18,-
ISBN 3-486-56243-6

Bd. 14: **Manfred Hättich:**
Demokratie als Problem
1996. 26 S., DM 18,-
ISBN 3-486-56298-3

Bd. 15: **Horst Schüler-Springorum**:
Wider den Sachzwang
1997. 60 S., DM 18,-
ISBN 3-486-56309-2

Bd. 16: **Gerhard A. Ritter**:
Soziale Frage und Sozialpolitik
1998. 163 S., DM 29,-
ISBN 3-8100-2193-8

Bd. 17: **Uwe Backes**:
Schutz des Staates
1998. 80 S., DM 22,80
ISBN 3-8100-2297-7

Bd. 18: **Klaus Schreiner**:
Märtyrer, Schlachtenhelfer, Friedenstifter
2000. 138 S., DM 29,80
ISBN 3-8100-2446-5

Bd. 19: **Antonio Scaglia**:
Max Webers Idealtypus der nichtlegitimen Herrschaft
2001. 96 S., € 12,90
ISBN 3-8100-3142-9

Bd. 20: **Walter Hartinger**:
Hinterm Spinnrad oder
auf dem Besen
2001. 60 S., € 12,90
ISBN 3-8100-3142-9

Bd. 21: **Martin Sebaldt**:
Parlamentarismus im Zeitalter der
Europäischen Integration
2002. 77 S. € 12,90
ISBN 3-8100-3638-3

Bd. 22: **Alois Hahn:**
Erinnerung und Prognose
2003. 46 S. € 12,90
ISBN 3-8100-3952-7

Bd. 23: **Andreas Wirsching:**
Agrarischer Protest und Krise der Familie
2004. 97 S. € 12,90
ISBN 3-531-14274-7

Bd. 24: **Stefan Brüne:**
Europas Außenbeziehungen und die Zukunft der Entwicklungspolitik
2005. 104 S., € 12,90
ISBN 3-531-14562-2

Bd. 25: **Toni Pierenkemper:**
Arbeit und Alter in der Geschichte
2006. 114 S., € 12,90
ISBN 3-531-14958-X

VS Verlag für Sozialwissenschaften
ISBN 3-531-14967-9

MIX
Papier aus verantwortungsvollen Quellen
Paper from responsible sources
FSC® C105338

If you have any concerns about our products,
you can contact us on
ProductSafety@springernature.com

In case Publisher is established outside the EU,
the EU authorized representative is:
**Springer Nature Customer Service Center GmbH
Europaplatz 3, 69115 Heidelberg, Germany**

Printed by Libri Plureos GmbH
in Hamburg, Germany